民族之魂

清正廉明

陈志宏◎编著

延边大学出版社

图书在版编目（CIP）数据

清正廉明 / 陈志宏编著 . –– 延吉 : 延边大学出版
社 , 2018.4（2023.3 重印）
（民族之魂 / 姜永凯主编）
ISBN 978–7–5688–4508–3

Ⅰ . ①清… Ⅱ . ①陈… Ⅲ . ①品德教育—中国—青少
年读物 Ⅳ . ① D432.62

中国版本图书馆 CIP 数据核字（2018）第 069087 号

清正廉明

编　　　著：陈志宏
丛 书 主 编：姜永凯
责 任 编 辑：王　静
封 面 设 计：映像视觉
出 版 发 行：延边大学出版社
社　　　址：吉林省延吉市公园路 977 号　　邮编：133002
网　　　址：http://www.ydcbs.com　　E–mail：ydcbs@ydcbs.com
电　　　话：0433–2732435　　　　传真：0433–2732434
发行部电话：0433–2732442　　　　传真：0433–2733056
印　　　刷：三河市同力彩印有限公司
开　　　本：640×920 毫米　　　　1/16
印　　　张：8　　　　　　　字数：90 千字
版　　　次：2018 年 4 月第 1 版
印　　　次：2023 年 3 月第 2 次印刷
ISBN 978–7–5688–4508–3

定价：38.00 元

人有灵魂，国有国魂；一个民族，也有民族魂。

鲁迅先生曾经说过："唯有民魂是值得宝贵的，唯有他发扬起来，中国才有真进步。"

鲁迅先生以笔代戈，战斗一生，曾被誉为"民族魂"。

民族魂，顾名思义，就是一个民族的灵魂！民族魂，是一个民族的精髓，体现了一种民族的精神，是一个民族生存和存在的精神支柱。

什么是中华民族的民族魂？那就是中华民族精神！它是中华民族凝聚力的理念核心，是中华文明传承的基因。它包含热烈而坚定的爱国情感，对生活的美好愿望和追求，为目标努力奋斗的拼搏毅力，为正义事业不惜牺牲自己的精神，以及正确的人生观和价值观。

前 言

翻开浩瀚的中国历史长卷，我们可以看到数不胜数的，体现民族精神和民族魂的英雄人物和可歌可泣的感人故事。

民族魂，不仅体现在爱国主义精神和行动中，而且体现在各个领域自强不息的民族奋斗中。而中华民族精神的力量，更是深深植根于延绵几千年的传统文化之中，始终是维系中华各族人民共同生活的纽带，是支撑中华民族生存和发展的精神支柱，是不断推动中华民族前进的强大动力。

民族魂体现在"重大义，轻生死"的生死观中；民族魂体现在"国家兴亡，匹夫有责"的使命感中；民族魂体现在"我以我血荐轩辕"的大无畏精神中；民族魂体现在将国家利益置于最高的爱国情怀中！

纵观中华五千年文明史，曾经有多少杰出的政治家、军事家、思想家、文学家、科学家、艺术家；曾经有多少忧国忧民、鞠躬尽瘁的仁人志士；曾经有多少抗击外敌、英勇献身的民族英雄。他们或顺应历史潮流，积极改革弊政，励精图治，治国安邦，施利于民；或为人类进步而不断进行着农业、工业、科技、社会等各种创新；或开发和改造河山，不断创造着灿烂的中华文明；或英勇反击外来侵略，捍卫着国家主权和民族尊严；或坚决反对民族分裂，维护国家的统一……他们从不同的侧面，体现了中华民族的民族魂，谱写了几千年中华文明的壮丽诗篇，铸造了中华民族高尚而坚不可摧的"民族之魂"。

民族魂，就是爱国魂。从屈原在汨罗江边高唱的《离骚》，到文天祥大义凛然赴死前的"人生自古谁无死，留取丹心照汗青"的诗句；从岳飞的岳家军抗击入侵金兵，到郑成功收复台湾；从血雨腥风的鸦片战争，到硝烟弥漫的十四年抗战，再到抗美援朝的隆隆炮声……哪个为国捐躯的英雄不是可歌可泣的？

民族魂，就是奋斗魂。从勾践卧薪尝胆，到司马迁秉笔直书巨著《史记》；从鉴真东渡传播佛法终在第六次成功，到詹天佑自力更生建铁路；从袁隆平百次实验成为"水稻之父"，到屠呦呦的青蒿素获得诺贝尔奖……哪个不是历经艰难，最终取得成功？

民族魂，就是改革献身魂。从管仲改革到商鞅变法；从王安石变法到百日维新……哪次变法图强不是要冲破

民族之魂

旧势力的阻挠，或流血牺牲？

民族魂，就是创新魂。古有毕昇发明活字印刷，今有王选计算机照排；古有指南针、造纸术、火药、浑天仪、地动仪的发明，今有神舟号的相继飞天……哪个不是中华民族的智慧结晶？

自古以来，多少仁人志士为了维护人格的尊严和民族气节，以生命为代价！留下了"玉可碎不可污其白，竹可断不可毁其节"的称颂；有多少英雄豪杰，为理想和事业奋斗，面对死亡的威胁，大义凛然；有多少爱国壮士面对侵犯祖国的列强，挺身而出而献出生命。

伟大的中华民族孕育了五千年的辉煌，五千年的历史留下了璀璨的中华文明。

前 言

中国人的血脉流淌着顽强不屈的精神！我们的先辈用血汗和生命铸就了不朽的中华民族魂！换得如今中华大地的一片祥和安宁，换得我们现在的幸福生活。如今，我们要实现习近平主席提出的中国梦，依然需要我们秉承祖辈留下的这种"民族魂"。

青少年是国家的希望，亦是民族的未来。因此，爱国主义教育和励志图强教育要从青少年开始。为了增强对青少年的民族精魂和志向教育，我们精心编写了本套丛书——《民族之魂》丛书。

本套丛书将我国有史以来体现民族精神和民族魂的典型事迹，以通俗易懂的语言故事形式展现出来，适合青少年的阅读水平和欣赏角度。书中提供的人物和事件等故事，涉及社会的各个方面，有利于青少年学习和理

解，使读者能全方位地领悟中华民族精神。

　　为了帮助读者更好地理解和吸收故事的精神，编者在每篇故事后还给出了"心灵感悟"，旨在使故事更能贴近现实社会，让读者结合自身的需要学习领会，引发读者更深入的思考。

　　希望读者们可以从本套图书中获得教益，通过阅读，真正体会到中华民族之魂所在，同时能汲取其精华，不断提升自己各方面的素质和品格，为祖国新时代的建设和发展做出努力。

　　全套丛书分类编排，内容详尽，风格独具，是广大读者尤其是青少年爱国励志教育的优秀阅读材料。相信本套丛书一定可以成为青少年朋友的良师益友。

民族之魂

古今中外都把做官能否做到清正廉洁，作为对从政者品格高低判断的标准之一，它也是老百姓评判"好官""孬官"的基本标准。《晏子春秋》里提到"廉者，政之本也"，可见中华民族自古就把清廉看做是对从政者的基本要求，把"为官者当以廉为先"作为千古遗训。对个人来说，清介自守更是一种品格，它标志着一个人的道德意识高低、素质修养如何。古人提倡"居庙堂之高，当思报国抚民；退林泉之下，当思独善其身。"清介自守既是报国抚民应具备的品格，又是独善其身的优良素养。

我们的先贤们很早就意识到为官清廉的重要性，他们认为，官员清廉与国家兴亡有着密不可分的联系。纵观中国历史，每个封建王朝的政局是否安定，其关键因素之一就是官吏是否勤勉、正直、干练、忠诚，官吏个人的道德品格直接关系着政权的兴衰。每朝每代的官吏中，总有一些清正廉明、恪尽职守的清官，也有一些贪赃枉法、胡作非为的浊官，还有一些随波逐流、碌碌无为的庸官。在中国封建社会里，法律对清廉的保证是苍白的，所谓"三年清知府，十万雪花银"，这种现象难以从根本上解决。"千里来做官，为的吃和穿"成了官场的口号，在"一任县官做下来，几代人吃不穷"的心理作用下，巧取豪夺，吏治大坏的现象层出不穷、屡禁不止。因此，在有阶级剥削和压迫的社会里，清廉只能是一个人素质和品格的体现，不能解决社会黑暗的根本问题。清介自守就更显得难能可贵。

新中国建立后，领导干部有别于封建社会的官吏，应该是人民的公仆，其宗旨是为人民服务，清廉自律应该是领导干部的基本政治素质和品德。但是，随着社会主义商品经济的发展，某些领导干部忘记了自己的职责和义务，缺少个人修养和道德意识，把人民给予的权利当做谋私的工具。一些领导干部贪污腐败、以权谋私、行贿受贿、违纪违法，这些触犯党纪国法的错误和罪行，已成为"过街老鼠"，使党中央和老百姓都深恶痛绝，已经是人人喊打的趋势。

本书中，我们精心选编了一些体现"清介自守"精髓的事例，希望读者通过阅读此书，更深刻地理解它的内涵意义，从中受到启迪。在自己的日常生活和学习工作中，能够以他们为楷模，做到洁身自好、真诚秉直，不断地完善自我，抵制各种不良诱惑，抵制社会上的歪风邪气，做一个有高尚品德的人。从古至今，中华民族"清介自守"的美德在社会发展实践中源远流长，我们这代人要继承和弘扬这种美德，为和谐社会的建立做出自己的贡献。

目录

CONTENTS

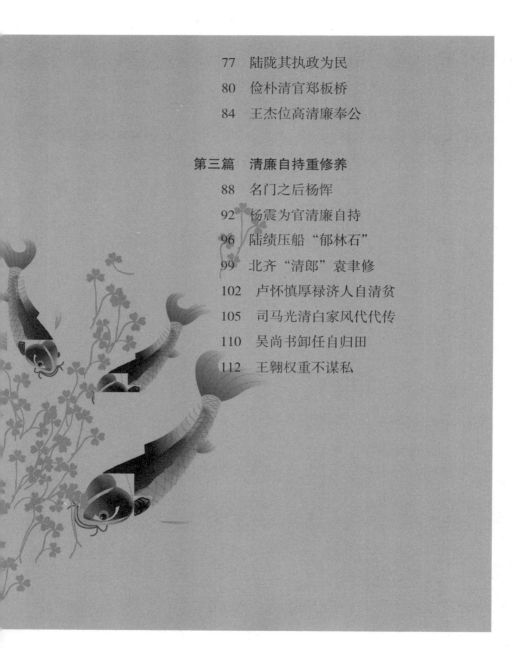

第一篇
为官清廉受人赞

羊续为官拒贿自清

羊续（142—189），字兴祖，泰山平阳（今山东泰安）人，东汉地方官员，是著名清官，有"悬鱼太守"之称。西晋初年名将羊祜之祖父。生平记载于《后汉书·郭杜孔张廉王苏羊贾陆列传》。

东汉时期的一天，南阳郡（今河南南阳市）的集市上贴着一张告示：今有朝廷官职若干，明码标价，任何人只要交钱，立即可以得到官职。

原来，当朝皇帝汉灵帝荒淫无道、贪得无厌，想尽办法搜刮民脂民膏，于是便有了标价卖官这种荒唐事。这时，一个穿着朴素的中年男子，牵着一匹老马径直走向太守府，他就是新上任的太守羊续。

南阳郡的财主们得到羊续上任的消息后，立即商议如何巴结他，以便日后行事方便。众说纷纭，最后由为首的一个财主拿定主意：送羊续一口小巧精致的金棺材。于是，张财主便带着金棺材，领着众人，一起登门拜访羊续。

当他们送上金棺材时，羊续大发雷霆，将它扔在地上。张财主以为羊续觉得棺材不吉利，立即解释道："大人误会了！棺材并非不祥之兆，而是预示着大人有官有财！"

羊续闻此，哈哈大笑着说："各位以为我羊续和你们是一丘之貉吗？我为官南阳郡，只要你们遵纪守法，我不会干涉你们；但如果想欺压百姓，天理难容！这口金棺材要么立即拿回去，要么充公！"

张财主只好带着众人灰溜溜地走了。

但是张财主等人并没有罢休，他们认为羊续是新官上任三把火，只是做做样子而已，于是等待时机。果然，机会来了。

一天，张财主看见羊续的车夫赶着瘦马、破车，便买了良马、新车交给车夫。他想，这下羊续总不好意思拒绝了吧。

谁知羊续一看见马车，立即吩咐车夫送回去。车夫不肯，指着羊续的车抱怨说："从没见过哪个太守大人使用这样的破马车。"

羊续二话不说，自己赶着新马车直奔张财主家。张财主非常尴尬，狠狠地说："我就不信你真的这么清廉！"

羊续两袖清风地做着太守，兢兢业业地为老百姓办事。有一天，远在千里之外老家的妻子突然出现在他面前，羊续莫名其妙。妻子说出实情：两个官差模样的人来到家中，自称是羊续派去接他们母子来南阳郡享福的。

原来，张财主见羊续迟迟不肯上钩，便想出计策：打着羊续的幌子，派人去诱使他妻儿前来，迫使羊续接受财主们的贿赂。

母子二人满心欢喜地来到太守府，还没有安顿下来，羊续便开始劝他们赶快回家。妻子非常生气，大发脾气，责骂羊续只知自己享乐。

羊续无奈，带着妻儿观看自己四壁空空的居室，又拿出自己所有的家当——一床粗布被、几件旧衣服。妻子一看，目瞪口呆。

羊续告诉妻子："我的这点儿俸禄养活不了一家人，只够自己的日常开销。家乡现在有几亩地，你们回家好好耕种，自食其力吧！"

这时有人来报：张财主得知太守夫人到来，特地送来一条大青鱼，以改善一下伙食。其实，张财主早就打听过了：羊续一家最爱吃鱼，所以投其所好。可是羊续虽然表示不收，却也没有令差人送还，而是将鱼挂在门洞上，让进进出出的人都能看见，以示警戒。儿子每天眼巴巴地望着鱼，馋得直流口水。但羊续却丝毫不心软。

张财主见鱼没有退回来，非常得意，自以为奸计得逞，决定采取第二步行动——给羊续赠送银两。但是，当他备好厚礼来到太守府的时候，一眼便看到那条早已被风干了的大青鱼，同时，他也得知羊续已经将自己的妻儿送回老家了。张财主被羊续的行为和决心所折服，羞愧难当。

不久，汉灵帝再次卖官。他听说羊续名声颇好，政绩也不错，心想此人一定很有钱，因此决定封羊续为太尉。于是，太监来到南阳郡当众宣读诏书，百姓欢呼雀跃。

谁知诏书读完，太监便向羊续狮子大开口般伸手要钱，理由冠冕堂皇：太尉就是这个价钱！羊续哈哈大笑，拿出了自己的几件破衣裳。太监当场大怒："几件破衣服打发乞丐吗！"说完，拂袖而去。

张财主听说此事，再次被羊续的高尚品德所打动，决定自己出钱为他买下官位。羊续断然拒绝，并说出一番道理。张财主无可奈何，只好作罢。

羊续一生清贫，无钱买官，汉灵帝当然不愿将太尉这样的大官白送给他，于是便改封他为太常（掌管宗庙礼仪）了。

故事感悟

羊续做官，为老百姓做好事，从来不收受贿赂。羊续悬鱼这个典故，更说明了羊续本人清介自守，清正廉明。这个故事发生在汉代，距今已有

2000多年了，但在今天倡导反腐败、继承和发扬清介自守的优良传统美德仍有深刻的教育意义。

■史海撷英

东汉时期的科技文化

东汉时期，一些方针、政策等依然延续西汉时期，只是在某些方面作了适当的调整与改革，以便更加适应当时的社会状况。

东汉初期，国家政权得到了加强，与地方势力之间也开始相互融合，从而政治日趋稳定，经济、文化、科学技术等方面都超过了西汉时期的水平。

公元105年，蔡伦改进了纸张的制造技术，使文字记录的方式脱离了竹简。造纸术也因此成为我国古代的四大发明之一，并流传至今。

东汉时期还发展起了制陶业，自此彻底摆脱了青铜时代的材料束缚，过去只能是豪门贵族专有的生活用品进入了平凡百姓家。

在自然科学方面，科学家张衡以高超的工艺发明了"浑天仪""地动仪"等科学仪器。这些仪器的制造原理，直到今天仍然被广泛使用。

东汉时期，书法、绘画等文化艺术也不再单纯地作为文字图形和符号使用了，其艺术地位逐渐显露出来。虽然东汉时期流传下来的艺术品不多，但后人却能从其中的一部分作品中窥探到汉文化的艺术风貌。

■文苑拾萃

羊续悬鱼典故

出自《后汉书·羊续传》："续为南阳太守……时权豪之家多尚奢丽，续深疾之，常敝衣薄食，车马羸败。府丞尝献其生鱼，续受而悬于庭；丞后又进之，续乃出所悬者，以杜其意。"

羊续做官清廉，从来不收受贿赂，因此南阳郡百姓无不称赞，敬称他为"悬鱼太守"，此后也再无人敢给羊续送礼了。明朝于谦有感此事，曾赋诗曰：

剩喜门前无贺客，绝胜厨内有悬鱼。
清风一枕南窗下，闲阅床头几卷书。

此后，"悬鱼""羊续悬枯（指死鱼）""挂府丞鱼"等典故便被后人广为传颂。"羊续悬鱼"也比喻居官清廉、拒绝受贿的意思。

张俭上殿穿旧袍

张俭（962—1053），字仲宝。宛平（今北京）人。开泰（1012—1021年）年间，张俭累迁同知枢密院事，太平三年（1023年）为武定军节度使，太平六年（1026年）为南院枢密使、左丞相兼政事令，封韩王。辽兴宗耶律宗真即位后，又赐他"贞亮弘靖保义守节耆德"功臣，拜太师中书令，加尚文，改封陈王。

张俭为相二十年，一直保持着俭朴的生活作风。他食不重味，穿着粗布衣。每领到俸禄，除留下生活必需之外，全都周济给了那些贫困的亲朋故友。

有一年冬天，张俭在便殿议事，兴宗见他身上的衣袍破旧不堪，就秘密指令侍从用火夹子将他的袍子烧了几个小洞，促使他快换件新长袍。不料，兴宗在此后数次召见他时，见他依旧穿着它。兴宗不解，问他为什么老是穿着这件旧袍？他答道："臣穿这件袍子，已经三十年了。多年来，人们都崇尚奢靡。臣为了矫正时弊，才以自己的实际行动来开导！"

事后，兴宗可怜张俭的清贫，特下旨让他到内库随意选取他所需要的东西。他接旨谢恩，但结果却"持布三端而出"。当时的"三端"，相当于现在的十八丈。兴宗见他放着金银财宝都不拿，仅仅拿了十八丈布，对他更加敬重起来。

张俭有五位弟弟，兴宗"欲俱进士第"，即打算赐给每个人进士出身，但张俭却始终没答应。

张俭晚年退休在家，兴宗有时还亲自到他家中去看望。有一次，掌管御膳的官吏得知皇上要在张家用餐，特地先行一步，设下各种珍味佳肴。而张俭为了勉励皇帝节俭，却让人撤去了那些御膳。当他们君臣二人谈到吃饭时间，张俭让家人奉上清淡的蔬菜和干饭，双方都吃得很香甜。

■故事感悟

张俭身为朝廷官员，将清正廉洁视为办事底线，视俭朴为生活准则，不贪图荣华富贵，用其一生诠释了清贫自守的真谛。他的这种精神值得后人继承学习和发扬。

■文苑拾萃

《辽史》

《辽史》所记载的是辽朝的历史。该史录共 116 卷，包括本纪 30 卷，志 32 卷，表 8 卷，列传 45 卷，国语解 1 卷。

《辽史》为元脱脱等人所撰，记载了上自辽太祖耶律阿保机，下至天祚帝耶律延禧（907—1125 年），兼及耶律大石所建立之西辽历史。至正五年，《辽史》与《金史》同时在江浙、江西二行省刻版印行。

毛玠清廉带动京城

毛玠（？—216），字孝先，陈留平丘人。东汉末年大臣，主要效力于曹操掌握下的东汉朝廷。因智力超群，富有创见，多次受到曹操的夸奖和赏赐。后被免官，卒于家。

毛玠是我国东汉时期著名的清官。因为他做县吏时公正无私、廉洁清白，被当地人誉为"清公"。当时，曹操正大肆招揽贤才，就征聘毛玠为自己的幕僚。毛玠也以自己的才干和清廉赢得了曹操的信赖和器重。

毛玠任职不久，曹操召毛玠来自己的府上，语重心长地对他说："现在朝中有一些官吏品行不端，结党营私，贪赃枉法，致使朝中混乱，影响我治国安邦的政绩。我想对朝中官吏重新进行一次考核和任免，这事就交给你和崔琰办吧！"毛玠满口应允。

第二天，毛玠接旨，颁布了选官的条件和考核办法：以清廉有为、品德高尚为标准，对那些结党营私、品行不端的人一律罢免。朝中官吏都吓坏了。到了晚上，不少人提着东西来到毛玠府上，请求毛玠高抬贵手，不要罢免自己；也有的趁机让毛玠给自己的亲信安排个合适的位置。毛玠见来求情的人太多，索性在大门上贴上"谢绝会客"四个大字，关紧了大门，谁也不许进去。

从东汉时起，历次选官都要看出身是否高贵，出身低微的人别想进朝廷当官，所以当时流行着"上品无寒门，下品无士族"之说。毛玠想："这种门阀制度多年来扼杀了许多出身低微的有识之士。我这次就要打破这一制度。"

于是，在接下来选官时，毛玠有意选拔那些出身贫寒，但又有德有才的人为吏。这在以前是从来没有过的，一时间，在全国引起了震动。而那些出身低微的人进入朝廷以后，都一心为国，努力工作，谁也不敢奢华。许多有钱的官吏见这种情形，也不敢乱来了。官吏们出门或上朝，有的只坐简陋无饰的车子，有的干脆穿着朝服徒步而行。整个都城看不到一辆华丽的车子，就连吃饭也变得简单了。当时人们都说："真是吏洁于上，俗移于下呀！"整个朝廷，都以俭朴为荣。

曹操见到这种情形，特意召见毛玠，高兴地对他说："能这样以才用人，使天下的人能各尽其才，发挥能力，我就放心了。"

然而，有一天，曹操的二儿子曹丕来到毛玠府上，傲慢地嘱咐毛玠说："我有几个朋友，请你给安排上合适的官职。"

毛玠很有礼貌地对曹丕说："老臣素以能忠于职守而幸免于别人的指责，今所托之人不属于可以升迁的范围，所以请您原谅，老臣不能遵命。"

曹丕一听毛玠不买自己的账，大为不满，气冲冲地瞪着毛玠。毛玠见曹丕一脸怒气，心想朝廷的制度和用人的原则是任人唯贤，不能因为他是曹操的儿子就改变国家的选官原则。因此，他装作看不见，也不说什么。曹丕见毛玠不怕自己的威胁，也只好作罢，怏怏不快地走了。

后来，与毛玠一起共事多年的崔琰被人诬陷为有傲世怨谤的言论，被曹操赐死。因选官而对毛玠不满的人乘机向曹操说："毛玠为崔琰的死鸣不平，他的言论有影射魏王的。"

曹操听了，非常恼怒，派人把毛玠抓来审问。毛玠心怀坦荡，大义凛然地说："我听说贾谊才华横溢，遭到周勃、灌婴谗诣而流亡在外；白起是盖世英雄，却被赐剑于杜邮；晁错忠直无私，被诛杀于市；伍子胥尽心辅佐朝政，却自刎于吴都。一代名臣都不免身首分离，我还有什么可求呢？只是我兢兢业业几十年，掌管选举，得罪的人多，必遭诬陷。但我一生光明磊落，只求给我当庭对质、辨析的机会。"

一向专横跋扈的曹操哪里能听从毛玠的请求？不过，曹操念及毛玠几十年的功绩，没有处死他，而是罢了他的官，让他回家闲居了。

■故事感悟

清廉正直有时是要付出巨大代价的。像毛玠这样宁可罢官为民，也不放弃原则，的确需要极大的勇气，这才是真正意义上的清廉。毛玠重清廉胜于生命，将清廉之名融进了个人生命中，这种为清正献身的大无畏精神值得后人敬佩和学习。

■史海撷英

魏国建立

建安十八年（213年），曹操率兵40万南征孙权。次年正月，曹操的军队进至濡须口（今安徽巢县东南），攻破了孙权设在江北的营寨，生擒东吴大将公孙阳。

孙权见曹操的兵力如此强大，便亲自率军七万前至濡须口抵御曹军。两军在濡须口相持月余，都没有什么收获。曹操见孙权的军容严整，自己难以一时取胜，便撤军北还。

　　五月，汉天子册封曹操为魏公，加九锡、建魏国，定国都于邺城。魏国拥有冀州十郡之地，置丞相、太尉、大将军等百官。

■文苑拾萃

苦寒行

（三国魏）曹操

北上太行山，艰哉何巍巍！
羊肠坂诘屈，车轮为之摧。
树木何萧瑟！北风声正悲。
熊罴对我蹲，虎豹夹路啼。
溪谷少人民，雪落何霏霏！
延颈长叹息，远行多所怀。
我心何怫郁？思欲一东归。
水深桥梁绝，中路正徘徊。
迷惑失故路，薄暮无宿栖。
行行日已远，人马同时饥。
担囊行取薪，斧冰持作糜。
悲彼东山诗，悠悠使我哀。

"一碗清水"饯行赵轨

赵轨（生卒年不详），河南洛阳（今河南省洛阳市）人。少好学，有俭行，以清苦闻世，为隋朝时期颇有盛名的清官之一。

赵轨为官期间，官阶虽然不高，但其清廉俭朴的品行却十分令人景仰。赵轨的父亲赵肃为魏廷尉卿。在父亲的悉心教导下，赵轨从小就勤奋好学，行为严谨。后来，北周蔡王引之为记室。但赵轨生活仍旧十分俭朴，平时穿的是布衣布袍，吃的则是粗米素菜，非常节省，因之远近闻名，《隋书》称赵轨"以清苦闻"。

隋开皇元年（581年），赵轨任齐州别驾，更加注重自身的清正廉洁，从来不贪不占，没有收受过任何人的钱财物品。任职期间，赵轨经常帮助百姓们解决实际困难，以其才干施政济民。齐州的生产逐渐发展起来，而他的生活依然十分清苦，赵轨却始终不怨不悔，自奉节俭，省吃少用。

后来，齐州百姓们的生活开始好转，不忍心赵轨一家过着苦日子，几乎天天都有人去看望他，并不时送他钱物。对此，赵轨总是先道谢，再推辞，从不妄取百姓一文钱，因而深受百姓爱戴，清名远扬。几年后当赵轨要调离齐州时，齐州百姓们依依不舍。

赵轨离任的那一天，齐州父老纷纷聚到路边，挥泪相送。一位白发苍苍的老者手捧一碗清水，颤巍巍地来到赵轨面前，泣道："别驾在齐州四年，一心为百姓谋事，却从未用过百姓的一滴水、一根木柴。今天，我们不敢以浊酒相送，恐有辱赵公清名。赵公清廉如水，就请小民代表众人，奉此清水为公饯行吧！"语罢，老人已是泣不成声。

送行的父老乡亲或掩面而泣，或举袖拭泪，场面分外感人。

赵轨眼含热泪，心情激荡——因为他知道这碗清水中蕴含着的无限深意。

老者微微低下头，双手高举起一碗清水。

赵轨神色凝重，从老者手中恭恭敬敬地接过这满满一瓷碗清水，将碗送至嘴边，脖颈微扬，一饮而尽。

赵轨为官，不仅素有"清名"，而且还有"能名"。在齐州任职时，赵轨常常身着百姓服装，深入到农民家中，同他们一起劳动，一起聊天，帮他们解决一些实际问题，并通过他们向更多的人宣传自己的施政纲领。百姓们见他平易近人，也乐于向他说心里话，接受他的劝喻。时过不久，齐州各项事宜进展顺利，几年后，庄稼遍地，牛羊满坡；官吏整肃，政绩卓著。赵轨在齐州任职四年，吏部考核连续四年都是最优等，非常难得。

正逢使节郇阳公梁子恭奉旨巡视到齐州，得知赵轨的为人与政绩，尤为赞赏，回京后立即上表向朝廷荐举赵轨。

此时的新都大兴城宫内，隋文帝正在披阅刑部奏章，眉头越皱越紧。朝廷虽然颁布了新法，但刑部每年断狱结案仍有数万起，看来现行法令还是定得过于严苛。文帝立即命纳言苏威、礼部尚书牛弘主持，重新修订新律令。

恰逢梁子恭极力荐举赵轨，隋文帝为之心悦，重重嘉奖赵轨，命其即刻入朝，与牛弘等人一起制定律令。

开皇三年（583年）的冬日，赵轨离别齐州，来到了大兴城，参与隋新律的更定。颁布后的新律，除去死罪81条，流罪154条，徒、杖等罪千余条，只定留500条，共12卷。刑纲简要，疏而不失，后世多沿用之。

是时，原州总管为卫王杨爽。文帝因杨爽年少，一直不大放心，但又苦于没有合适的人辅佐他。得知赵轨名声清正又有才干，十分高兴，将原州总管司马一职授予赵轨。

赵轨到原州任职后，尽心辅佐卫王，为政清廉，体恤百姓。

一日，赵轨率人到地方办公务。事毕，天色已晚，谢绝了当地官府的热情挽留后，赵轨与左右翻身上马，踏上了回府的路程。

正值夏末，路两旁的庄稼开始发黄，硕大饱满的谷穗已把秸秆压弯。傍晚的爽风里，密密挤着的沉甸甸的谷穗微微颤动，就像起伏的海面。一路行来，赵轨心情愉快，对身边人笑道："看来今年的收成不错，百姓们就是指望这些庄稼过活了。"

夜色渐深，眼前的道路及周围的景物在夜幕遮盖下，混沌一片，分辨不清。前往派去探路的几人策马回来，沮丧地报告："大人，前边根本看不清道路，马都跑到田里去了。"

赵轨忙问："庄稼呢？"

手下小心翼翼地回答："可能被踏坏了一些，不过……"

"别说了，快带我过去看看！"

浓浓夜色中，赵轨手抚着被马践踏倒地的庄稼，心情沉重。他拾起一枝谷穗，对随行人道："这可都是百姓的活命粮啊！被我们损坏了，我们就要赔。"

"大人，赔是要赔，可这大天黑的，到哪儿去找田主啊？"

赵轨手一挥，沉声道："我们不走了，就在这儿等着！天亮了，自然就能找到主人了。"

就这样，赵轨一行驻马待明，直到寻访到田主，执意将酬值付清才骑马离去。一时间，赵轨的清名传遍原州大地。官吏闻之，莫不改其操；百姓闻之，感佩不已，争相传颂。

赵轨因政绩突出，被迁升为硖州刺史；不久，又转为寿州总管长史。不论在哪里任职，赵轨都是勤政兴利，施惠百姓。

刚到寿州时，赵轨看到这里田地荒芜，百姓穷苦。经了解得知，这里旱涝无常，虽然芍陂原先建有五门堰可以注水灌田，但因年久失修，早已荒废弃用。赵轨认为，做地方官就是要为当地百姓造福，他站在荒废的五门堰的遗石上，赵轨想：既然寿州最大的困扰是旱涝，自己作为一方父母官，就必须成为防治旱涝的好手。

赵轨开始大力整肃吏治，又耐心劝诫百姓，讲兴修水利的益处。他深入考察寿州地理状况，整合寿州人力资源，大兴水利工程，带领寿州民众，在芍陂原有的水利工程基础上又修筑了32道水渠。水渠修好后，渠水纵横流淌，可灌溉田地5000余顷，百姓欢欣鼓舞。《隋书》说，后来寿州皆"赖其利"。

修筑好的水渠为寿州大地送来了汩汩清流，此后，这一带风调雨顺，水土滋润，五谷丰登，百姓安泰。每当发生旱灾时，赵轨修筑的水渠总会及时地提供水源，清澈的渠水灌溉到寿州的千顷田地中，也滋润着百姓们的心田。

赵轨任职期满后回到了家乡，安享晚年，后卒于故里，享年62岁。

■故事感悟

　　岁月流逝，清官赵轨的身影逐渐模糊，许多事迹已湮没在历史的风尘之中。风霜侵袭，那曾为民造福的寿州水渠也痕迹斑驳，但后人仍旧能感受到赵轨那颗赤子之心的跳动，逝去的一切并没有减缓它搏动的节奏，也没有冷却它饱含滚烫的情感。可以说，在心系百姓、造福百姓这一点上，清官赵轨的生命价值得到了最大限度的体现。

■文苑拾萃

大兴城

　　大兴城指的是隋朝在汉长安城的东南方向所建筑的新城，时人将其取名为大兴城。大兴城位于今陕西省西安市及城东、城南、城西一带。

　　隋朝建立初期，都城仍然设在长安的旧城。然而旧城因久经战乱，残破不堪，而且宫室形制狭小，不能适应新建的统一国家都城的需要。加之多年来城市污水沉淀，饮水也成了问题。因此，隋文帝杨坚放弃了龙首原以北的故长安城，在龙首原以南汉长安城的东南地区选择新址，准备建立新城。

　　开皇二年（582年）正月，隋文帝杨坚责令宇文恺负责设计建造新城——大兴城，翌年三月竣工。大兴城充分利用了当地地形的优势，增大了城市的立体空间，令城市显得更加壮观雄伟。

　　大兴城的整体形制为长方形，由宫城、皇城、外郭城三部分组成，格局东西对称。其中，外郭城的占地面积约占全城总面积的88.8%。

　　大兴城建立起来后，成为当时世界上最为巨大壮观的城市，此后唐朝的长安城就是仿效隋朝的大兴城建造的。

杜诗为百姓谋福祉

杜诗（？—38），字君公。河内汲县人。东汉时期的官员及发明家。曾任郡功曹、侍御史、成皋县令、沛郡都尉、汝南郡都尉、南阳郡太守等职。建武七年（31年），任南阳太守时创造水排（水力鼓风机），以水力传动机械，使皮制的鼓风囊连续开合，将空气送入冶铁炉，铸造农具，用力少而见效多。他还主持修治陂池，广开田池，使郡内富庶起来。时有"杜母"之称。

东汉建武年间，在南阳郡的一间铁匠作坊里，一阵叮咚悦耳的锻打声传了出来。屋内炉火正旺，工匠们正在赤膊锻打着农具和马蹄铁，汗水顺着古铜色的臂膊流下来，但人人脸上都挂着兴奋的笑容。

原来，太守杜诗正率领工匠们制造水排。这种水排以流水作为动力，带动风囊的开合，从而将空气源源不断地输入冶铁炉内，大大地减轻了工人在冶炼时的劳动强度，提高了劳动效率。

杜诗发明的这一技术一经推广，马上受到了百姓们的欢迎，大家都称赞水排既实用省力又方便好用。

发明水排的南阳太守杜诗，年轻的时候就显示出了非凡的才能。他初任郡里的功曹史时，负责掌管人事，参与政务。由于办事公道，受到人们的广泛好评。汉光武帝建武元年（25年），杜诗被连升三级，担任了侍御史。

当时，刘秀的政权刚刚建立，社会还比较动荡。京都洛阳有个叫萧广的将军，放纵自己手下的军官和士兵在民间胡作非为，骄横暴虐，百姓不堪其扰，敢怒而不敢言。杜诗先是严厉地警告他，任萧广不思悔改，依然我行我素。于是杜诗先斩后奏，果断地诛杀了萧广，然后才向刘秀报告。刘秀当时正需要一批有魄力的官员为他稳定局势，因此特意召见杜诗，给予他充分的肯定和鼓励，并赐予他象征权力的木戟，派他到河东郡去平叛。

杜诗到了河东郡大阳县后，听说叛军首领杨异正在谋划渡河，于是立即率领部下焚烧了渡河所用的船只，截断了叛军的退路。后经过一番激战，消灭了杨异的部众，斩杀了杨异，叛乱被平息。

不久，刘秀又任命杜诗担任成皋县令。杜诗在成皋三年，政绩突出，又被升迁为沛郡都尉、汝南都尉，所到之处，都得到了很好的治理。

汉光武帝建武七年（31年），刘秀派杜诗到他的家乡南阳郡担任太守。南阳是个大郡，居住着许多富豪。他们倚仗特权，肆无忌惮地横行乡里，没人敢管，因此许多人都不愿意到南阳做官。杜诗到任后，打击犯罪决不心慈手软，严惩了一批作恶多端的恶霸，在当地树立起了很高的威信。

对待郡里的百姓，杜诗非常爱护，想方设法减少劳役，并率领大家兴修水利，开辟耕地，发展农业生产，使人们的生活逐渐富足起来。尤其是他发明制造的水排，给人们带来了极大的方便。当地百姓对杜诗非常崇仰，把他视为自己的父母官，将其与西汉元帝时为百姓造福的南阳太守召信臣相媲美，赞颂道："前有召父，后有杜母。"能够拥有这样的地方官，是当地人的幸运。

杜诗任郡守七年，把南阳治理得井井有条，政治清平，政化大行，百姓安居乐业。他从国家大局出发，出以公心地多次给光武帝上书提出让贤，把大郡郡守的职位让给抵御匈奴有功的将领，一方面便于他们做适当的休整，一方面调动他们为国戍边的积极性，自己宁愿去任级别较低的职务，趁着年富力强，做一些繁杂琐碎的具体工作。刘秀爱惜他的才能，始终没有批准他的请求。

杜诗虽然在地方任职，但对朝廷尽心竭力，经常提一些合理化建议。有一次他提出，仅以盖有皇帝印章的诏令调兵遣将过于轻率，一旦被人伪造利用很难察觉，建议用虎符发兵，以减少不必要的风险。刘秀感到他言之成理，采纳了他的建议。此外，杜诗还善于为国家举荐人才，在任上推荐了德才兼备的知名人士刘统、董崇等人，后来都颇有政绩。

杜诗生活节俭，为官清廉，建武十四年（38年）病逝时，没有留下任何属于自己的田宅和产业，连丧葬的费用都凑不齐。司隶校尉鲍永上书朝廷说明情况，刘秀诏令由南阳郡官邸为他办理丧事，国家拨出一千匹绢用于葬礼。当地百姓为了纪念他，在南阳合建了他与召信臣的祠庙，直到后世，仍然祭祀不绝。

故事感悟

杜诗将百姓的利益视为自己毕生的追求，一心一意为百姓谋福祉。杜诗一生为官，清廉自律，病逝后却无余财，清贫的程度连丧葬费都负担不起。杜诗用其一生所为对"清廉为政"进行了完美的阐释。

侍御史

侍御史为御史的一种，简称侍御，我国古代的一种官制。

侍御史为秦朝时期初置，汉代沿用，隶属于御史大夫之下，可弹劾非法。

汉宣帝时期，又置有治书侍御史一职，掌五曹，即令曹、印曹、供曹、尉马曹、乘曹。三国时期，曹魏于殿中省置殿中侍御史，掌管记录朝廷动静，纠弹百官朝仪。

隋朝时期，又改殿中侍御史为殿内侍御史。

唐朝时期，侍御史归属台院，共四员，又改殿内侍御史为殿中侍御史，归属殿院，用来纠察早朝礼仪。

唐朝和宋朝，御史台所属的机构有台院、殿院和察院，分别由侍御史、殿中侍御史和监察御史任职。

明代以后，该职逐渐废止。

尹翁归为官清廉自律

尹翁归（？—前62），字子兄（音况）。河东平阳（今山西临汾）人，西汉时期干练而又廉洁的官吏。

西汉时期，大将军霍光执掌朝政期间，霍家子弟都生活在平阳，他们的奴仆、家客经常手执兵器在街市上横行霸道，官吏们也不敢管。而尹翁归担任管理街市的官吏时，却没有人敢在街上横行不法。尹翁归任职期间，公正廉明，不受贿赂，商人们也都很敬畏他。后来，他辞官在家闲居。

有一年，田延年任河东太守，在巡视各县时抵达平阳。田延年将过去的吏员五六十人召集起来，亲自接见。他让习文的人站在东面，习武的人站在西面。几十个人都按照命令站好，而尹翁归却伏地不起。他对田延年说："我文武兼备，任凭您吩咐。"

功曹认为，这个官吏倨傲不逊，应该惩治，而田延年却说："这有何妨？"于是将尹翁归召上前来问话。

田延年对尹翁归的见解连连称奇，因而补任尹翁归为卒史，并带回自己的官府。尹翁归上任后，及时处理案件，揭发奸邪，一查到底，弄清原委。田延年极看重他，自认为才能不及尹翁归，便迁升他为督邮。

当时，河东郡共辖28个县，尹翁归负责汾河以南的地区。他在任期间，依法揭发检举了贪污腐败的官员。属县的长官虽然受到惩处，但因为是罪有应得，所以并没有人怨恨尹翁归。

由于为官清廉，尹翁归又到郡中任官，所到之地都得到了良好的治理。后来，尹翁归又受征召拜为东海太守。在治理东海郡期间，他明察秋毫。郡中的官吏百姓是贤良还是不肖，以及奸邪犯法者的名字，他都一清二楚。每个县在登记名籍时，他都要亲自处理。

尹翁归出巡各县时，总要惩恶扬善，以一儆百，官员百姓也都愿意服从他，恐惧他的威严而改过自新。东海郯县的大土豪许仲孙奸邪狡猾，破坏吏治，郡中深受其害。每次官员要逮捕他，他都依靠势力，使用奸诈的手段自我解脱，因而始终没有受到制裁。尹翁归到任后，将许仲孙抓获，并将其在街市上斩首，全郡的百姓都震惊慑服。从此，当地没有人再敢触犯法令，东海郡大治。

由于政绩优异，尹翁归又升任为守右扶风，满一年后正式任命。他到任后，便开始选拔廉洁公正、疾恶如仇的官吏担任高官。在治理右扶风期间，他仍然采用东海郡的管理方法，奸邪者的名字在每个县都有记录。在伍保中发现盗贼，尹翁归便召见县里的长官，告知奸恶之徒的主犯名字，令他们根据踪迹类推的办法，寻找这些盗贼的藏身之处。事情的发展也往往如尹翁归所说的一样，从无遗漏。

追查贫弱百姓的时候，尹翁归会比较宽松，但对豪强却查得很严。豪强被治罪时，他就将他们送到掌畜官那里，让犯人铡草抵罪，并且要按时到达，不能由他人代替；做得不合要求的，都要受到鞭笞惩处。有些豪强因为痛得无法忍受，甚至以铡刀自杀而死。这样一来，京城的人更加畏惧他的威严，右扶风大治。尹翁归惩治盗贼的政绩也通常在京师三辅中数第一。

尹翁归施政虽然以刑罚为主，但在公卿中却清廉自守，言谈从不涉及私事，并且为人温雅谦虚，从不因为自己有能力而瞧不起别人，因此在朝廷中的名声极好。

任官数年之后，尹翁归于元康四年病逝。死后，他的家中没有任何剩余财产。皇帝感慨他的贤良清廉，特给御史发布诏书："我早起晚睡，志在求贤，不分亲疏远近，关键在于能够安民。右扶风尹翁归清廉公正，治理百姓的政绩突出，不幸英年早逝，未得长寿，无法完成其功业，我非常怜悯惋惜。现赐尹翁归之子黄金一百斤，以便祭祀其父。"

尹翁归的三个儿子也都担任过郡守。其中，小儿子尹岑曾历九卿之位，官至后将军。

▉故事感悟

尹翁归始终把百姓的利益放在第一位，处处为百姓着想，兢兢业业。身居要职，清廉自律，为文武百官做出了表率。这种一心一意为百姓谋利益的清廉精神值得后人学习。

吊霍光

（宋）李吕

官安骭饮贵仍骄，父子同诛趯孝昭。
博陆时方专国柄，济阴早已被弓弨。
老妻安得谋灵妪，劣女刚将冠内貂。
白云副封奇祸作，后车倾覆更萧条。

柳宗元一心为民

柳宗元（773—819），字子厚。唐代河东郡（今山西省永济市）人。唐代著名文学家、思想家，唐宋八大家之一。著名作品有《永州八记》等600多篇文章，经后人辑为30卷，名为《柳河东集》。因为他是河东人，人称"柳河东"；又因终于柳州刺史任上，又称"柳柳州"。与韩愈同为中唐古文运动的领导人物，并称"韩柳"。

柳宗元是唐代的著名清官。唐元和初年（806年），柳宗元被宪宗贬到了永州。他以戴罪谪居之身寄情山水，抒发胸臆，并没有消沉下去。有一天，在山水之中柳宗元回想起先前的一些事情。

数年前，风华正茂的柳宗元与好友王叔文等人与当时的太子李诵关系十分密切。李诵在东宫20多年，虽身患风疾，却十分关心朝政，了解民间疾苦。即位之后，是为顺宗，自然便将他们提拔起来加以重用。王叔文、柳宗元等人也是雄心勃勃，立志干出一番事业来。

当时，唐王朝已经过了它的鼎盛时期，吏治腐败，矛盾重重。特别是顺宗之前的德宗，一直认为宦官忠实可靠，凡事都信任依靠他们，甚至还让他们去统领禁军，从而开了宦官掌领兵权的恶劣先例。

宦官们为了讨得德宗的欢心和信任，便不择手段地支使下边官吏们盘剥百姓，逼迫百姓按月甚至按日给德宗"进奉"，将按月进奉称为"月进"，按日进奉称为"日进"，致使德宗得到的进奉钱，每年多达50万贯（1贯等于1000钱）！德宗非常高兴，认为还是这些宦官有本事，因而更加宠信他们。宦官们又广置宫女，供德宗享乐，还挖空心思，发明了"宫市"，又巧立名目，对百姓进行公开的掠夺压榨，百姓怨声载道。

永贞元年（805年），王叔文被任命为翰林学士。王叔文掌权后，推荐韦执谊、柳宗元、刘禹锡等人协助，针对时弊，开始进行大刀阔斧的政治改革。首先惩办了当时的京兆尹、大贪污犯大贵族李实，接着取缔了臭名昭著的"宫市"，又免除了民间对官府的各种积欠，进而废除了万人痛恨的"月进""日进"，放出了900多名宫女和教坊女乐。亲属们在九仙门迎接时，家人欢聚，大呼万岁。继而准备将宦官手中的兵权夺回来，任命德高望重、忠于国家的老将军统帅军队。短短几个月，一系列的革除弊政措施形同风暴，疾如闪电，形成摧枯拉朽之势，取得了重大成效，史称"永贞革新"。

永贞革新直接维护了百姓们的利益，受到百姓们的欢迎，却大大伤害了宦官、世族官僚们以及藩镇割据势力的利益，遭到他们的切齿仇恨。这些人不断向朝廷施加压力，拼命反对王叔文、柳宗元等人的各项改革。

在这紧要关头，顺宗的中风失语症更为厉害。在手握兵权的宦官们的逼迫下，顺宗不得已将皇位传给了太子李纯，是为宪宗。其时，王叔文、柳宗元等发觉大势已去，前途岌岌可危。因为王叔文、柳宗元等人是坚决反对顺宗让位于宪宗。那些日子里，他们常常吟诵着杜甫的诗句："出师未捷身先死，长使英雄泪满襟。"以此抒发悲抑的情怀。

不出所料，宪宗登基后做的第一件事，就是把改革首领王叔文贬到渝州（今重庆）。与王叔文一道被贬谪的还有改革派柳宗元等八位朝廷要员。这八人全部被调离长安，分别贬到南方的边远之地去当有职无权的州司马（即刺史的助手）。这就是历史上有名的"八司马"事件。

然而，生活的磨难更坚定了柳宗元的意志，心智亦愈加成熟。即使被贬，柳宗元仍然心系于民。既然不能直接改变民间疾苦的现状，就通过手中之笔直指时弊，为民请愿。因为身处下层，柳宗元对百姓的悲惨处境和社会生活中的种种不合理现象观察得更为透彻，对此也就揭露批判得更加无情与犀利。

柳宗元在永州十年，日子过得孤寂而荒凉。亲族朋友无人理睬，地方官员时时监视。十年后，宪宗将"八司马"重新召集到长安，任命他们为偏远各州的刺史。表面看来，"八司马"的官位都提升了，实际上他们被打发到了离京城更远的地方，而且大多是蛮荒瘴湿之地，等于施之以更厉害的惩罚。柳宗元出任柳州（今湖南零陵县一带）刺史，他的好朋友，十年前一同被贬为郎州司马的刘禹锡（字梦得）则出任播州（今贵州遵义一带）刺史。从当时的交通条件和经济状况来看，播州是比柳州更为偏远荒僻的地方。

刘禹锡的母亲年老体弱，得知儿子被贬到播州，泪流满面地对儿子说："吾儿今一去，我们哪还能够再见面！儿啊，你走到哪儿，娘就跟到哪儿！"

柳宗元和刘禹锡多年交好，深知刘禹锡母子一旦成行，老人的身子骨肯定经不起这千里的艰苦跋涉，更适应不了播州的自然环境，心情分外不平。他对友人说："播州那个地方，并不适合外人长期居住，梦得的母亲年纪那么大了，万万没有让母子二人一同前往的道理！但是，如果母子二人各居一方，刘兄这一去，肯定即成永别。我与梦得是挚友，怎能视而不见？"

柳宗元随即向朝廷请奏，请求让刘禹锡去柳州上任，以便母子同行，自己改任播州。

适逢当朝宰相裴度也为刘禹锡说情，其中有一句话打动了宪宗："陛下正在侍奉太后，想必也应该怜惜刘禹锡此时的处境吧。"

宪宗沉吟良久，方道："朕这样做，只是想责备做儿子的罢了，其实并不打算让他的母亲伤心。"于是，将刘禹锡改任为连州刺史。

大文学家韩愈曾以当时众小人的卑鄙行径为对比，高度评价柳宗元的清誉自珍："士穷乃见节义。今夫平居里巷相慕悦，酒席游戏相征逐，诩诩强笑语以相取下，握手出肺肝相示，指天日涕泣，誓生死不相背负，真若可信；一旦临小利害，仅如毛发比，反眼若不相识，落陷阱不一引手救，反挤之又下石焉皆是也。其人自视以为得计，闻子厚（指柳宗元）之风，亦可以少愧矣！"

元和十年（815年）的夏天柳宗元被发配到柳州。是年，柳宗元43岁，正当盛年。也许他已预料到，这个对他来说十分陌生的边远小城柳州将是他的丧葬之地。闲暇时，柳宗元按照老习惯四处寻迹寄怀，意外地发现了这座小城还有个罗池，池边还有一座破损不堪的罗池庙。但他没料到的是，这个罗池庙，将成为他的祭祠——灵魂的最后归宿。

在柳州时，常有不少读书人慕名而来，拜师求学，柳宗元都热情施教，不计回报。对有些华而不实的年轻人，柳宗元也毫不客气地指出其自身的问题，使他们改过自新。

有一次，有一位名叫杜温夫的年轻人从荆州来拜见柳宗元，还说准备到连州求见刘禹锡，到潮州去造访韩愈。柳宗元听了非常高兴，悉心指导他。后来却发现这个年轻人学习并不认真刻苦，写作基本功也不扎实，写的文章连疑问词和感叹词都分不清楚。杜温夫给柳宗元写了封信，信中将柳宗元比作古代大圣贤周公和孔子。柳宗元对此十分反感，当即复信批评他："比喻人一定要恰当。你把我比作周公、孔子，我怎么能不感到奇怪呢？你还说要去连州、潮州，不用说，你也会把刘、韩二公比作周公、孔子；你将来到了京城，京城名人更多了，可能你还会把他们都比作周公、孔子。天下哪有这么多的周公、孔子啊！"他奉劝杜温夫踏踏实实学习、做人，千万不可再做那些阿谀奉承、哗众取宠之事。

在柳州的柳宗元，利用着他那个小小的贬谪官职，办学、挖井、种树、修寺庙、放奴婢，每一件事都依所遇所见之实情做出，既不考虑什么功利得失，也不再考虑什么仕途荣枯。

柳宗元在自己的权限和能力范围内，帮助不少百姓赎回已卖身为奴的子女，阖家团聚，并且革除了当地不少恶习旧俗。柳州地处偏荒，远未开化，长期盛行巫师宰杀牲畜以赎治疾病的陋习。如果有人生了病，病家即请巫师救治。巫师摆案作法：先杀鸡，病不愈，再杀羊；仍不愈，则宰牛；再不见好，巫师就发话了，道："病人当死。"于是蒙上病人之面，坐视其死，巫师得钱而去。柳宗元上任后，力禁这一迷信风俗，劝人求医治病，驱逐骗钱巫师，革除了这种陋习。柳宗元也因之受到当地百姓的拥戴与敬重。

在生命的最后一块栖息之地，柳宗元默默地为百姓着想，为百姓做事，终因疾苦劳累，47岁时死于任上。

■故事感悟

时局的艰难并没有改变柳宗元那颗为国爱民的赤诚之心，他以满腔的热忱全身心地为百姓谋福祉。柳州的百姓受益了，清廉自律的柳宗元却倒在了那片他热爱着的土地上。以毕生的精力经营着他心中的梦想，最终梦破碎了，心也随之碎了，但柳宗元的美名却完完整整地留在了人世间。

■史海撷英

柳宗元的文学成就

柳宗元主张"文以明道"，他在文学方面颇有成就，尤其在散文及诗歌的创作上最为出色。

柳宗元大力提倡古文，并擅写政论，如《封建论》《捕蛇者说》以及各种山水游记等。其中，他的山水游记最为出色，为山水游记之宗，如《永州八记》。

在诗歌方面，著名的有《江雪》《渔翁》等。柳宗元还善写寓言，如《三戒》《临江之麋》《永某氏之鼠》《黔之驴》《罴说》《蝜蝂传》等。

■文苑拾萃

晨诣超师读禅经

（唐）柳宗元

汲井漱寒齿，清心指尘眠。
闲持贝叶书，步出东斋读。
真源了无取，妄迹世所逐。
遗言冀可冥，缮性何可熟？
道人庭宇静，苔色连深竹。
日出雾露余，青松如膏沐。
淡然离言说，语说心自足。

唐朝清官贾氏兄弟

贾敦实（590—688），曹州冤句县（今山东省菏泽）人，曾先后任饶阳县令、洛州长史、太子右庶子、怀州刺史等职。他一生为政清廉，关爱百姓，官声、政绩可与其兄敦颐相媲美。

唐朝初年，贾敦颐与他的弟弟贾敦实都是有名的清官。

贞观年间，贾敦颐任沧州刺史。每当他进京朝见皇帝时，都要带上全部家产上路，然后让仆人套一辆破车，驾着几匹羸弱的瘦马。路上有时马缰绳断了，他就用麻绳绑上接一下，一副穷困潦倒的样子。仆人经常在旁边窃窃私语："刺史大人也太寒酸了，连一副新的马缰绳也舍不得买，我们当仆人的都觉得没面子。"一路上看见他们的人，都不知道这是刺史一级的大官。

贞观二十三年（649年），贾敦颐任瀛州（州治在今河北省河间市）刺史。在瀛州地区，滹沱河和滱水流经境内，由于隋唐之际战争频繁，河道年久失修，每年一到夏秋季节，便经常泛滥成灾。贾敦颐上任后，便上表皇帝，请求修筑堤坝，最终使大量被淹没的农田变为沃土，两条河水既能够行船，又可以灌溉农田，极大地便利了当地的交通，促进了经济的发展。从此以后，瀛州界内再没有发生水患，成了历史上有名的鱼米之乡和风景优美的地区，给老百姓带来了很大的福利。

唐高宗永徽年间，贾敦颐迁任洛州（州治在今河南省洛阳市）刺史。洛阳是唐代的东都，又是著名的古都，名门望族土豪劣绅很多，自古号称难治之地。贾敦颐任洛州刺史以后，敢于和欺压良民的土豪劣绅、流氓地痞作斗争，断案公正，揭发隐蔽的坏人坏事，社会秩序很好，百姓敬若神明。

唐代实行均田制，唐高祖武德七年（624年）、玄宗开元七年（719年）和二十五年（737年），三次颁布均田令，规定男丁给田一顷，寡妻妾30亩。道士30亩，女冠20亩，僧尼也一样。官户受田40亩，工商业者50亩。所受之田二分为永业，八分为口分。永业田终身不还，可传子孙。受田者年老或死去时，口分田交还政府。贵族官僚受永业田，多者百顷，少者40亩。但是，当时的豪富之家往往籍外占田。

贾敦颐任洛州刺史后，经过丈量稽查田地，查出豪富多占田地3000多顷。他将这些土地全部没收，然后分给少地无地的贫民耕种，百姓拍手称快。

自唐高宗以后，均田制处于土崩瓦解的状况之下，而官僚富豪兼并土地也有不可阻遏之势。贾敦颐在洛州追还民田，虽然不能阻挡当时兼并土地势态的发展，但他为民谋利的精神可贵，而且在他管辖地区的一定时期内，延缓了唐朝土地兼并的势头，起了一定的积极作用。

贾敦颐的弟弟贾敦实，贞观年间曾任饶阳县令，政令教化清静无为，百姓都很怀念他。唐朝规定，"大功以上不复连官"，即同宗父子兄弟等亲属不能同时在相邻地区做官。当时贾敦颐为瀛州刺史，颇有政声，而贾敦实为饶阳县令，又政绩卓著。所以朝廷特别破例，不把他们调开，让他们兄弟"连官"，作为对他们的褒奖和优遇。

唐高宗咸亨元年（670年），贾敦实升任洛州长史，很有德政。当时，洛阳县令杨德干用杖刑打死官吏，想以此树立个人的威名，贾敦实劝告他说："施政就在于抚育百姓，如果伤人过多，虽然有能干的名声，也不值得珍惜。"杨德干用刑酷烈之心因而渐渐平息。咸亨四年（673年），贾敦实升任太子右庶子。

当初，贾敦颐任洛州刺史时，百姓给他在大街上立碑歌功颂德；贾敦实在洛州离任时，百姓在敦颐石碑的旁边又为敦实立碑颂德，当时人称为"棠棣碑"（《诗经·小雅》有常（棠）棣篇，内容是宴请兄弟的诗，后遂以"棠棣"一词作兄弟的代称）。

唐律规定，唐朝官吏没有政绩，自己不得随意立碑，虽有政绩，也不得随意遣人立碑，《唐律疏议·职制》"长吏辄立碑"条规定："诸在官长吏，实无政绩，辄立碑者，徒一年。若遣人妄称己善，申请于上者，杖一百；有赃重者，坐赃论。受遣者，各减一等。"当时百姓给敦颐、敦实兄弟二人在洛州大街上并列立碑，说明他们的政绩是当之无愧的。兄弟二人因清廉爱民，百姓在洛阳闹市并列立碑，在唐朝也仅此二人。

□故事感悟

贾氏兄弟始终能够代表群众的利益，一心为百姓谋利益，与百姓同呼吸共命运，因此赢得了百姓的广泛好评。贾氏兄弟的为官作风与中国优良的清廉美德如出一辙，值得后人景仰。

姚崇高位拒厚待

姚崇（650—721），原名姚元崇，字元之。因避唐玄宗的"开元"年号之讳，改名为姚崇。祖籍江苏吴兴，因先辈世代在陕州为官，遂定居陕州硖石（今属陕县硖石乡）。是武则天、睿宗（李旦）、玄宗（李隆基）三朝的宰相，也是中国封建史上一位杰出的政治家。

开元元年（713年），唐玄宗李隆基登基不久，在新丰（今陕西临潼东北）狩猎时，密召姚崇。姚崇原是武则天时期的国相，为人廉洁正直而有谋略，后因反对太平公主干预朝政，被逐出长安。

玄宗向姚崇咨询对国家大事的看法，君臣二人谈得十分投机，玄宗兴奋地叫起来："卿确有经天纬地之才，应为相！"但姚崇听后，既不立刻表态，又不拜谢，玄宗感到十分奇怪，便追问原因。姚崇跪奏说："臣有十件事禀告陛下，陛下如不能采纳做到，臣不敢接受这宰相的重任。"

姚崇的十条建议是："第一，朝廷从前严刑峻法，今后陛下应仁恕宽容；第二，朝廷从前用兵吐蕃，劳民伤财，今后千万不要贪图边功，主动挑起纠纷；第三，从前宠臣国戚触犯刑律，免予追究，今后陛下应公正执法，先从自己身边亲近的人做起；第四，从前武后临朝，重要决策都由宦官传达，希望陛下今后禁绝宦官干预朝政；第五，从前公卿大官常设特贡，讨好皇上，希望陛下明令禁止一切额外的租赋徭役；第六，从前皇亲国戚交相弄权，希望陛下不要册封皇亲国戚任宰相或相当于宰相一级的职务；第七，前朝肆意猜忌贤臣大臣，损害君臣关系；第八，希望陛下宽宏，能从谏如流；第九，武后曾耗巨资修建佛寺，希望陛下明令禁止营造佛寺、道观；第十，杜绝外戚干政。"

唐玄宗当时一心想励精图治，闻听此言拍案叫绝，于是姚崇第三次任唐朝宰相。这十条建议，后来实际上成了"开元之治"的施政纲领。

姚崇接手政权，从整顿吏治入手，任用贤能，淘汰顽劣不肖者。任命后不再频繁调动，使各级官员责任明确，吏治渐渐步入正轨。而姚崇自己向来律己甚严，处理案件从不积压，决断如流，更不徇私情。他把行贿的亲生儿子以律论处，赢得了民心。

开元四年（716年），天下闹蝗灾，官吏百姓只是求神拜佛，不敢捕捉，坐视蝗虫危害庄稼。姚崇请派御史，分赴各地灭蝗，并指出：小虫怕人，人力可胜天。只要每天夜间坚持用火烧蝗，田边挖坑，边烧边埋，蝗灾定能清除。但有些官吏迷信思想严重，拒不灭蝗。姚崇就严厉抨击迷信，组织人力灭蝗并最终战胜天灾，百姓免受了一场自然浩劫。

姚崇曾写过五篇短文，分别为《执称诫》《弹琴诫》《执镜诫》《辞金诫》和《冰壶诫》。他在其《执称诫》中，提出"为政以公，毫厘不差"，为官应"存信去诈，以公灭私"；在《弹琴诫》中，主张"移风易俗"，"治国之首，大急小缓"；在《执镜诫》中，告诫官吏要"如镜之明，断可以平；如镜之洁，断可以决"；在《辞金诫》中，要求官吏"以不贪为宝""以廉慎为师""凡所从政，当须正己"；在《冰壶诫》中，表示"与其浊富，宁比清贫"。他言行一致，而且率先垂范，为人师表。

在开元前期，姚崇虽然官居相位，却在朝堂附近一直没有自己的宅第，全家人都住在一个很偏远的地方。他每天上朝理政之后，常常不能回家，而只身借宿在附近的寺院同极寺里。

有一次，他患了疟疾，又怕耽误了公务，就让家人到同极寺侍候他。一旦感到病情好转，仍然坚持上朝议政，或者批阅属下送来的公文。上常令源乾曜于心不忍，特地奏请皇帝让姚崇搬进中书省所属的四方馆居住，皇帝当即予以批准。但姚崇却认为四方馆太豪华，又存有公文，不便居住，于是，坚决予以谢绝。皇帝感慨万千，当着许多人的面对他说："设四方馆，为官吏也。使卿居之，为社稷也。恨不可使卿居禁中耳，此何足辞！"姚崇为官数十载，家徒四壁，并无余财。

姚崇去世前，社会上盛行厚葬之风，他对此极为反感，特留下遗嘱：死后不准崇佛敬道，不准为他厚葬。还说："死者是常，古来不免，所造经像，何所施为？""吾身亡后，可殓以常服，四时之衣，备一副而已。他再三叮嘱他的子孙，一定要按照他的嘱咐去做。还告诫子孙："汝等身没之后，亦教子孙依吾此法。"

唐玄宗得知姚崇去世的消息十分悲痛，下令为他撰写碑文，并赞誉道："位为帝之四辅，才为国之六翮；言为代之轨物，行为人之师表。"

■故事感悟

姚崇身居高位却婉拒了应有的待遇，秉持着廉洁的原则，用其实际行动演绎了一位贤臣廉洁奉公的高尚形象。身体不适之时，婉拒皇上圣恩，以国家为重，伏案办公。姚崇这种心系国家、一心为民、清介自守、兢兢业业的精神为后人树立了光辉的榜样。

唐代的官学系统

唐朝时期，继承和发展了隋朝时期的学校教育制度，在政治统一、经济繁荣、文化科学水平比较发达的基础上，逐步完善了学校教育制度，从而在中国和世界学校教育发展历史上占有重要的地位。

唐代的中央政府直接设立了"六学""二馆"等学校。其中，"六学"属于直系，下面包括国子学、太学、四门学、书学、算学、律学。"六学"隶属国子监，最高领导者为国子祭酒。国子学、太学、四门学属大学性质，书学、算学、律学属专科性质。

"二馆"指的是弘文馆和崇文馆，属于旁系。其中，弘文馆归门下省直辖；崇文馆归东宫直辖。皇族子孙另外再设立皇族小学。

另外，唐代还设置了许多地方性的学校，各府有府学，各州有州学，各县有县学，县内又有市学和镇学。所有的府、州、县、市的学校都统属直系，由地方教育长官长史管理。这样规模的学校网在中国历史上是空前的，在世界上也是独一无二的。

唐十八陵

唐十八陵指的唐朝19位皇帝位于渭河平原的18座陵墓。唐朝从高祖李渊算起，至唐哀帝李柷，共历经21位皇帝。除唐末的昭宗李晔葬于河南偃师的和陵、哀帝李柷葬于山东菏泽的温陵外，又因武则天与高宗合葬，故而共有18座陵墓分布在渭河以北。

按照营造方法来分，唐十八陵可分为两种：一种是积土为冢，仿照秦汉时期的陵墓所建，如唐高祖李渊的献陵、唐敬宗李湛的庄陵、唐武宗李炎的端陵以及唐僖宗李儇的靖陵。其中，献陵积土为"山陵"，是由于唐初国势财力尚不强盛所致；而晚唐的庄陵、端陵和靖陵等，则是因为国势衰微财力不支的缘故。

另一种是依山为陵，开始于唐太宗的昭陵，完善于唐高宗的乾陵，此后便形成制度。在唐18座陵中，共有14座陵墓是依山而建。这种墓制以石砌筑，异常坚固，比积土为冢的陵墓更为坚固。

然而，目前由于开山采石，依山为陵的帝王陵也遭到了严重破坏。在这14座陵墓当中，除了乾陵和昭陵等个别陵墓主峰看起来还算完整外，其余都无一幸免地遭到了破坏。

刘秉忠淡泊名利

刘秉忠（1216—1274），金国瑞州（今辽宁省绥中县前卫镇）人，原名侃，敕赐名秉忠，法名子聪，字仲晦，号藏春散人。元朝忽必烈可汗宰相。谥文正，赠太傅、常山王。

刘秉忠，元朝政体的总设计者。在某种程度上讲，元朝的国号、年号、官制、国策，都是他一手策划并说服忽必烈采纳实施；元朝的官吏选拔制度、俸禄制度、朝廷礼仪等，也都是他奉忽必烈之命，亲自主持制定；元代的上都和元大都（今日北京城的前身），也都是他具体勘察、选址、设计并参与督建而成。几百年来，刘秉忠被公认为是元朝历史上继名相耶律楚材之后的又一位策划重臣。

刘秉忠为官期间，一直认为：天子以天下为家，兆民为子，国不足，取于民，民不足，取于国，相需如鱼水。因此，刘秉忠在给元世祖忽必烈出谋划策之前，没有一项不首先想到百姓的利益。

邢州地处蒙汉交错杂居的要塞部位，也是蒙古控制漠南汉地的枢纽，战略地位十分重要。然而这里的领主因辖治无方，横征暴敛，导致一万五千多户居民不堪重负，纷纷逃亡。当忽必烈受封于邢州之时，当地百姓仅剩下500多家。为此，刘秉忠给忽必烈提出了可行的建议：择良吏而治理，并推荐了张耕、刘肃为邢州安抚正、副使。

由于张、刘二人上任后同心协力，革弊布新，斥禁贪暴，全州的人口很快就增加了10倍之多。

邢州发生的巨大变化，让忽必烈十分高兴。随后，忽必烈又虚心地征求刘秉忠治理漠南的意见。刘秉忠经过深思熟虑后，又提出了以下六条措施：

一、选择开国功臣之子孙，分为京府州郡监守，督责旧官遵行王法，并按照其政绩确定升降。为了防止官员作威作福，残害百姓，还需专门制定相关的法律、法规来限制、约束官员。

二、将现行的赋税徭役减去三分之一至二分之一。

三、禁止设置私狱，严禁酷刑，对犯有死罪者须奏请朝廷获准后才可听断。

四、开放学校，尊奉孔子，实行王道。

五、兴礼乐，颁历法，修史书。

六、亲君子，远小人，广开言路，选拔谏臣。

刘秉忠提出的这些措施，对漠南地区的治理发挥了巨大的作用。

在忽必烈南征北战的过程中，刘秉忠都忠心相随。而且在每次战役的前后，他都会不厌其烦地规劝忽必烈说："王者之师，有征无战，当对南北人民一视同仁，不可嗜杀。"每一次，忽必烈也都是慨然答应道："愿与卿等共守此言！"于是，命令诸将们痛改烧杀抢掠的恶习，并将俘虏的人员全部释放。

刘秉忠一生都深受忽必烈的器重，为元朝的奠基立业作出了重大贡献，然而，他对待名利却清淡如水，平时都是僧衣斋食，过着出家人一般的生活。同僚们感到十分过意不去，便奏请忽必烈"正其衣冠，崇以显秩"。忽必烈也深为刘秉忠的行为所感动，即日赐名"刘秉忠"，令其还俗，拜为光禄大夫，位太保，参领中书省事。同时忽必烈还下诏，将翰林侍读学士窦默的女儿许给他做夫人，并赐以府第，让刘秉忠成立家室。

刘秉忠还俗为官后，仍然"斋居蔬食，终日澹然，不异当昔"。有一次，忽必烈赏赐给他千两银子，他却坚辞不受，说："臣山野鄙人，侥幸遭际，服器悉出尚方，金无所用。"忽必烈坚决让他收下，他才不得不收下。没过不久，他就将这些银子全都分给了自己的亲朋好友和故乡父老。

至元五年（1268年），在刘秉忠的主持下，元大都工程竣工。随后，刘秉忠毅然辞去了中书省的要职，以明志淡泊。数年后，他又在市郊的南屏山筑造了一座庐舍，闲居其间，自号藏春散人，每日以吟咏诗句自娱自乐。

至元十一年（1274年）八月，刘秉忠无疾端坐而逝，终年59岁。忽必烈闻此噩耗，惊悼不已，即命"出内府具棺殓，遣礼部侍郎赵秉温护其丧还葬大都"。随后，又追赠刘秉忠为太傅，封赵国公，谥"文贞"。

元成宗铁穆耳时，赠刘秉忠官太师，改谥"文正"；元仁宗爱育黎拔力八达时，又进封为常山王。

■故事感悟

刘秉忠用其毕生的精力致力于元朝的国度和国家体制的建设，他位极人臣，却清心寡欲，不为钱财所动，终日"斋居蔬食"。刘秉忠为国家任劳任怨的忠心，为百姓谋福祉的善心，为官者的清心，这种清廉为政的高尚品德值得后人学习。

行中书省

元朝中统至至元年间，行中书省开始实施。行中书省是直属中央政府管辖的一级行政区，民间简称"行省"或"省"。元朝时期，全国四级地方行政制中，首都所在的腹里地区（今河北、山东、山西及河南、冈蒙古部分地区）则由中书省直接管辖，吐蕃由宣政院管辖。"行中书省"在当时主要作为军事管理，掌管所辖省内的钱粮、兵甲、屯种、漕运及其他军政事务。

在"行中书省"之下，元朝还先后将宋朝时期的路改为道、州升为路，部分的县则改升为州，与县平级（直隶州在外），实行省、道、路、州（县）四级地方行政制。

■ 文苑拾萃

三奠子

（元）刘秉忠

念我行藏有命，烟水无涯。
嗟去雁，羡归鸦。
半生形原（作人，据抄本改）影，一事冀生华。
东山客，西蜀道，且还家。
壶中日月，洞里烟霞。
春不老，景长嘉。
功名眉上锁，富贵眼前花。
三杯酒，一觉睡，一瓯茶。

廉希宪为官清廉

廉希宪（1231—1280），元朝的大臣。字善甫，廉访使布鲁海牙之子，因官改姓廉氏，畏兀儿人。因精通经史及儒书，人称廉孟子。元宪宗九年（1259年）任京兆宣抚使，随忽必烈攻宋鄂州，闻宪宗死讯，建议北返争夺统治权，助忽必烈取得帝位。又出镇关中，打败部分蒙古贵族发动的叛乱，对抗阿里不哥有功，官至平章政事，制定贵族迁转法。1275年，廉希宪随元军南下，平章荆南行省，安抚荆州江陵。1277年，回京辅佐太子真金。1280年，廉希宪病故，追封魏公、恒阳王。

廉希宪是元代著名的政治家。因其为官清廉，被时人称为"廉孟子"。

说起廉希宪，元人上下无人不晓。当时，元人以刀枪征伐，所到之处，汉人皆沦为奴隶，惨遭奴役。而廉希宪却是例外，他善待汉人，尤其是汉人中的读书人。

早在任京兆宣抚使时，廉希宪便想解除汉人中读书人的奴籍，将其入于儒籍。由于京兆是藩王、显贵云集之处，那些没有远见的王公们是不会轻易答应的。廉希宪坚持拟定告示发布，将读书人归入了儒籍，并且提出："谁要是再将这些已下令入儒的汉人归入奴籍，那就先将我归至奴籍，因为我也算是读书人，我就是儒籍！"

元人都知道廉希宪言出必行，便不再纠缠此事。1259年，世祖攻下鄂州时，廉希宪随军，主要负责粮草等事务，得知战俘中有大量读书人后，又立即请求世祖，将俘虏中的500多名读书人全部遣放回家。

1260年3月，元世祖于开平登上大汗之位，改年号为"中统"。

世祖一继位，就任命年仅30岁的廉希宪为中书右丞，管理极为重要的秦蜀行省。别看此时的廉希宪年纪轻轻，却跟随世祖已有十余年了，早就被时人认为有"孟子"之才，人称"廉孟子"。人人敬仰其威名，不久，秦蜀就被治理得井井有条。

世祖登位后，想自己一生文治武功，要是能长生不老该有多好。后来听说有个方士，吃了他炼的丹就能长生不老，于是派人将这个方士召进宫中，问他："你炼的丹真能使人长生不老吗？"

方士吹嘘说："陛下，我所炼之丹是以千年雪莲和鹿血炼成的，其中雪莲需提炼七七四十九天。如果药材配齐，所炼之丹若不能延年益寿，草民愿以性命担保。"

世祖听后还是不放心，问："丹药如果有效，那秦始皇怎么没有活到今天，怎么会是我坐在这里？"

那方士胸有成竹地说："陛下，并不是丹药无效，而是他们炼丹的方法不对。"

世祖便召来廉希宪，说："中书大人，这位方士能炼不老之丹，先拨给他十万银两，我们就等着服用他的不老丹吧。"

廉希宪听后大惊，他没料到世祖也会糊涂一时，便说："陛下，即使服用了不老丹能成仙，我也不会用的！"

世祖不解地问："那是为什么？"

"生老病死是自然规律，谁也不可能违背。世上哪有什么不老丹，纯粹是那帮无赖的谎言！"

世祖难以下台，命令说："有没有用你先不用管，你只管拨钱就是了。"

廉希宪转头问那方士："你要钱买什么原料？"

"鹿血啊。"

"鹿血和人血哪种珍贵？"廉希宪步步紧逼。

"那当然还是人血了。"

廉希宪对世祖说："陛下，既然方士说人血更为珍贵，那就请他拿木桶来，把我的血全部放出来用来炼丹吧。"

世祖生气地说："以前我做藩王时，你十分宽容，为什么我现在当了皇帝，你却变得如此不能通融？"

廉希宪回答道："王府的事错误再大，也只是天下小事；君王犯下错误，便是天大的错误，希宪又有何颜面苟活于天下！"世祖沉默半晌，最后终于将那个方士推掉了。

事实上，廉希宪的直言净谏并非都能得到世祖的采纳。一次，廉希宪劝谏世祖不应释放前朝贪官匿赞马丁，气得世祖将他撤职罢官，让他回家闲居。廉希宪毕竟跟随世祖十几年了，一段时间不在身边，世祖总觉缺少点什么。一天，世祖随口问及廉希宪近况，奸臣阿合马趁机进谗言说："他呀，现在逍遥得很，每天都在家同妻子儿女饮酒作乐！"

世祖厉声问："希宪一向为官清廉，他用什么来饮酒作乐？"

阿合马装作满腹委屈的样子回答说："他既做过地方官又做过京官，

总会有办法的呀。"

世祖半信半疑，不置可否。其实阿合马非常清楚，廉希宪没有了官俸，生活很苦，哪有什么宴饮呢。

由于长年为国事辛劳，再加上生活清苦，廉希宪一病不起。世祖十分着急，亲派三位御医前去治疗。御医告诫，此病需服用砂糖才会有转机。当时砂糖十分昂贵，廉希宪很难买得起。阿合马想借机拉拢廉希宪，就派管家送给他两斤砂糖，以表达其"关切"之情。廉希宪告诉下人："你就回话说他的糖很脏，我不吃，不必见了，带回给他的主子吃吧。"

下人劝慰说："来者都是客，两国交兵，还不斩来使呢。"

于是，管家被传进来，他说："廉大人，这是我们主子的一点儿心意，但望能治愈贵恙。"

廉希宪说："就算这东西真能治好我的病，我也决不用阴险奸诈小人的东西苟且求生，你马上拿回去！"管家见状，悻悻而去。后来，元世祖得知此事，派宦官送来一大包砂糖。

1275年，右丞相阿里海牙南下江陵，将绘好的江陵地图上报朝廷，请求皇上设置衙门，任命重臣镇守江陵。世祖急命廉希宪返京，命其统领荆南行省。世祖说："如今荆南刚入我大元版图，要想让新归顺的地方对我们感恩，尚未归顺的向我们归顺，只有派贤臣去治理，才能让那里的百姓归附。可是，南方气候潮湿，天气炎热，你身体又不好，我又如何放心让你远行，真让我为难啊。"

廉希宪说："臣下常担心自己才疏学浅，有负朝廷重望。陛下能让我去，就是最大的赏赐，这些田地和马匹，我无功不敢领受，还望收回。"

廉希宪不顾酷暑炎热，驱车前往江陵。阿里海牙敬仰廉希宪的人品和才华，早已率部属于郊外迎候，在尘土飞扬之中拜迎廉希宪。廉希宪一到任，立即下令严禁掠夺百姓，杀害俘虏，质卖妻儿，并采取措施促进物资流通、兴利除害。没过多久，荆南地区得以安定，百姓休养生息。廉希宪还不顾左右反对，大胆启用南宋贤臣能将，量才授予官职。

按照旧俗，下级拜谒上级官员时，常要送上一些珍宝古玩。有一县令初次拜见廉希宪，按习惯奉上一对棕红色的玉狮子。廉希宪面色一变，问："你这是干什么？"

县令笑说："大人，这只是我们的习俗。"

"你这是要害我以后出不了荆南啊！你们现在身居原职，如政绩突出，还有可能受到朝廷重用。你们本应感激皇上的恩典，尽力报效国家，却给我送来这些东西。如果这些东西是你们自己的，我无功受禄，受之心中有愧；如果是官府的，又与盗贼何异？如果是从百姓那里搜刮来的，你我岂不成了罪人吗？"

这位县令既惊异又心悦诚服。

过去江陵城外蓄水防御，占用了大量农田。廉希宪下令决堤泄水，获得良田数万亩，全部分给贫苦百姓。廉希宪还将粮仓内未入官籍的20万斛粮食分发给百姓，以赈济饥民。待百姓安居乐业后，又广兴学堂，选任教官，置备经书典籍，且常亲自前往讲堂勉励诸生。后来，西南溪涧的及思、播田、杨二氏和重庆的赵定应纷纷请求归降。世祖听说后非常高兴，说："先朝须用兵方可得地，如今希宪能使数千百里以外的人归顺，其治化之高明由此可见啊！"

世祖还收到一封江陵人写的私信，信中写道："江陵归顺初期，民不聊生。自皇上派廉宰相治理荆南后，荆南民众被其德行感化，山川草木亦广被恩泽！"

由于江陵地区潮湿炎热，再加上操劳过度，廉希宪染疾在身，久治不愈。1277年春，世祖召希宪返京，江陵百姓哭喊着挡住他回京的去路，竭力挽留。回京时，行囊空空如也，唯有琴棋书画相伴。廉希宪离开江陵后，江陵百姓争相为他画像、建祠。世祖素知希宪廉洁奉公，特赐他白银5000两、钱币万贯。

1280年11月19日晚，廉希宪病逝，享年50岁。后被赠"忠清粹德功臣""太傅""开府仪同三司"，追封"魏国公"，谥号"文正"；又被加赠"推忠佐理翊运功臣""太师""开府仪同三司""上柱国""恒阳王"，可见其功绩显著。

■故事感悟

廉希宪为官的准则，就是清廉为政。为国为民，从不为一己之利而对同僚有所妥协。他用毕生的精力致力于国家的稳定与建设，离任后行囊空空。他以实际行动践行了一个优秀官员的职业道德情操，为后人留下了宝贵的精神财富，激励着我们前行。

■史海撷英

崖山海战

崖山海战又称崖门战役、崖门之役等，是宋朝末年宋朝军队与元军所进行的一次战役，而且这场战争也直接关系到南宋的存亡。

相传，在这次战役当中，宋元双方共投入军队30余万，战争的最后结果是元军以少胜多，宋军全军覆灭。此次战役之后，南宋王朝也随之覆灭，中国在历史上也第一次完全沦陷于外族。

水调歌头·读书岩

（元）廉希宪

杜陵佳丽地，千古尽英游。

云烟去天尺五，绣阁倚朱楼。

碧草荒岩五亩，翠霭丹崖百尺，宇宙为吾留。

读书名始起，万古入冥搜。

凤池崇，金谷树，一浮鸥。

彭殇尔能何许，也欲接余眸。

唤起终南灵与，商略昔时名物，谁劣复谁优。

白鹿庐山梦，颉颃天地秋。

第二篇
高风亮节显品格

杨万里 "清得门如水"

杨万里是南宋时期的著名诗人，也是一位刚正廉洁的官吏，曾任过漳州、常州、广东诸地方官，后来入京为东宫侍读，官至宝谟阁学士。

杨万里为官清正，很爱惜人才，以选贤举能为乐事。他在任东宫侍读时，宰相王淮问他："当宰相应先处理什么事？"

杨万里回答说："人才。"

王淮又问，"谁是人才？"

杨万里便写了朱熹、袁枢等60个人的名字献上。后来，王淮先后提拔任用了这些人。

杨万里在朝中供职时，廉洁自爱，不愿同流合污，随时准备着回乡。他计算好了从京城到家乡的路费，存放在一个箱子里，锁好放在自己的卧室里，不许挪用。并告诫家里人，不许购买任何东西，恐怕增加回家行李的重量。他每日都像一个就要动身远行的人。

宋光宗即位后，将杨万里升为秘书监，接着任命他为江东转运副使，权总领淮西、江东军马钱粮。

转运使是一个"肥缺"，当时不仅掌管淮西、江东的钱粮转运事务，并兼军事、刑名、巡视地方之职，为州府以上行政副长官，权任甚重，因为有兵权，又称漕帅。在此任上，他虽日理万金，但一文不取，两袖清风。朝廷给转运使的俸金很优厚，杨万里将俸金近万缗存在官库中，辞职还乡时，一文也没带走。

杨万里为人刚正，既不爱金钱，也不慕高官。在宋宁宗时期，权相韩侂胄以外戚专权，营私舞弊，排斥异己。他为了罗织四方名士为羽翼，就在京城杭州灵隐寺东麓修筑了一所豪华的"南园"，想请当今名士杨万里写一篇记刻在园中，并答应写完后就把他提升为中书省长官。杨万里却对来拜请的人说："官可以不做，这篇记是决不能写的！"

杨万里总想施展才能一心报国，因此屡次上疏指摘朝政，后他因恨韩侂胄擅权，毅然辞官归家。杨万里辞官后，生活很清苦。他在南溪只有陈年老屋一处，仅够遮风雨。家中只有三四个男女仆人，很是冷清。他的朋友徐灵晖去看望他，见当年的江东转运副使竟然如此清贫，十分感慨。他在赠给杨万里的诗中，曾这样描写他的处境："清得门如水，贫惟带有金。"

□故事感悟

杨万里权倾一时，日理万金，辞官后却仅能安身于陈年老屋之中。难怪朋友来访，禁不住有了"清得门如水，贫惟带有金"的感慨。可以说，杨万里正是秉持着一颗为官者应清白之心和办事的公道之心，在他的个人历史上建立了高大光辉的形象。

秘书监

秘书监是始设于东汉延熹二年（159年）的一种官职，归太常寺管理，典司图籍。魏文帝时期，秘书监主要掌管世文图籍，初属少府。晋朝初年，并入中书省。晋永平元年（291年）时又重新设置，并统著作局，掌管三阁图书。宋朝与晋朝时期相同。梁时为秘书省长官。隋炀帝时期，秘书监曾称秘书省令。唐高宗在位期间，又改称太史。元、明时期都没有设置，因此逐渐被废弃。

■文苑拾萃

晓出净慈寺送林子方

（南宋）杨万里

毕竟西湖六月中，风光不与四时同。
接天莲叶无穷碧，映日荷花别样红。

杨绾清廉带朝风

杨绾（718—777），字公权，唐代华州华阴人。父杨侃是开元年间的醴泉令。幼年丧父，拜起居舍人、知制诰。历司勋员外郎，职方郎中。唐肃宗时，升中书舍人，兼修国史，迁礼部侍郎，为太常卿，充礼仪使。大历十三年元载伏诛，任中书侍郎、同中书门下平章事、集贤殿崇文馆大学士，兼修国史。杨绾节约，从不过问生计，俸禄全分给亲戚好友。崔宽与郭子仪都对他十分敬畏，时比之杨震、郗吉、山涛、谢安之俦。《新唐书·列传第六十七》有传。

杨绾，唐朝人。年轻时好学不倦，博通经史。

天宝十三年（754年），杨绾参加唐玄宗亲自主持的考试获第一名，被破格提拔授予右拾遗的官职。天宝十四年，节度使安禄山在范阳举兵叛乱，第二年攻占都城长安，唐肃宗在灵武即位。杨绾从陷落的长安城中逃出，经过艰苦跋涉到了灵武。当时正是朝廷急需贤才之时，众朝臣一见杨绾到来，都很高兴。肃宗立即授予他舍人之职，在宫中替皇帝拟诏书。不久，又升任司勋员外郎、中书舍人等职。因为官清廉、大公无私而为时人称颂。

唐代宗时，元载掌握朝中大权，骄横不法，王公大臣大多依附他，唯有杨绾不趋炎附势，始终保持着自己清白的品格。他不送礼，也不以私事去谒见元载。大历十二年（777年）三月，元载被诛后，唐代宗拜杨绾为中书侍郎、同中书门下平章事。杨绾的才识和人品早就和三公辅相的职位相称了，所以杨绾拜为宰相的诏书一传出来，满朝官员和老百姓都互相庆贺。

杨绾平素以道德品行著称，做了宰相后仍然保持着坚贞廉洁的品格，他的车仗服饰也很俭朴，这就像春风化雨一样，极大地影响了朝臣们的生活作风。

御史中丞崔宽是剑南西川节度使崔宁之弟，家财万贯。他在京城南边有一处别墅，苑内池馆台榭修得富丽堂皇，当时号称天下第一。在杨绾拜相的当天，崔宽暗地派人拆毁了这处别墅。

中书令郭子仪当时正在邠州（今陕西彬县）军营中，听到杨绾拜相的消息后，将供他平日娱乐的乐工遣散了五分之四。京兆尹崔翰是唐代宗的宠臣，他每次出门随从的车骑执事有一百多人，在杨绾拜相的当日减少了一百随从，只留下十人骑马跟随。其他一些官员听到风声后，也纷纷变奢侈为俭朴。可见，杨绾拜相对当时风俗教化的影响很大。

杨绾虽然官至中书侍郎、同中书门下平章事、集贤殿崇文馆大学士，并赐紫金鱼袋，赠司徒，但在生活上却以俭朴为乐，没有盘算过家产，也不过问生活方面的事情。他所得的俸禄，都按月分给生活困难的亲戚朋友，家中一点储蓄也没有，居高官要职多年，没有盖过一处私房。

杨绾结交的朋友，都是当世名流，他们有时相聚，终日所谈的是高雅的道理，从来不涉及名利方面的庸俗内容。偶尔有来走门路弄官当的人，见杨绾所谈的都是玄学哲理，不敢插话，以至想到自己那不太体面的欲望而感到惭愧，只得闭口退去。杨绾德高望重，名扬全国，天下雅正之士纷纷来拜访他，有的人甚至来自几千里之外。

■故事感悟

从杨绾升任宰相之后一贯坚持的坚贞廉洁的品格对朝臣们的影响可以看出，官员的作风优劣与否会上行下效的。杨绾清廉为官，对下属不仅形成了一种威慑力，更重要的是将之形成了一种风气，从而起到一定的教育警醒作用。

■史海撷英

中书舍人

中书舍人是我国古代的一种官制。"舍人"之名最早见于《周礼·地官》，本来为君王或贵族的亲近属官。《汉书·高帝纪》颜师古注："舍人，亲近左右之通称也。"魏晋时期，在中书省内置"中书通事舍人"，至南朝梁去"通事"之名，改称为"中书舍人"。

中书舍人的职权仅次于侍郎，掌管着呈进章奏、撰作诏诰、委任出使等事项，历朝权责不一。隋炀帝时，曾改称内书舍人；武则天称帝时，中书省改称为凤阁，中书舍人即凤阁舍人。宋初亦设此官，但并无实权，另置知制诰及直舍人院起草诏令。明清内阁也设有中书舍人，其职仅为缮写文书，职权已经大不如前朝。

■文苑拾萃

玄 学

玄学是对《老子》《庄子》和《周易》的研究与解说，产生于魏晋时期，是魏晋时期的主要哲学思潮，也是道家和儒家融合之后出现的一种哲学、文化思潮。

"玄"字出自老子《道德经》的第一章。在这一章的末句，老子形容道为"玄之又玄，众妙之门"，意思是指道幽深而微妙。

魏晋之际，玄学是指立言与行事两个方面，并多以立言玄妙、行事雅远为玄远旷达。"玄远"指的是远离具体事物，专门讨论"超言绝象"的本体论问题。因此，浮虚、玄虚、玄远之学都可通称为玄学。

玄学家大多都是一些当时的名士，主要代表人物有何晏、王弼、阮籍、嵇康、向秀、郭象等。玄学是在汉代儒学（经学）衰落的基础上，为弥补儒学之不足而产生的，也是由汉代道家思想、黄老之学演变发展而来的。

傅昭权倾天下家自清

傅昭（生卒年不详），字茂远。南北朝时期北地郡灵州人。他在南朝齐官做到尚书左丞之职，入梁代后官至散骑常侍、金紫光禄大夫。一生为官以清廉寡欲著称。

齐明帝萧鸾即位后，以傅昭为中书通事舍人。南朝宋齐时期，中书通事舍人实权很大，代皇帝起草诏令，参与朝廷机密，决断政务，往往代行宰相职务。当时居此职者，都是权倾天下。傅昭任此职后廉洁奉公，清心寡欲，穿的是麻布粗衣，用的是简陋器具，安于过粗茶淡饭的日子。他家中连一个烛台也没有，夜晚看书时常常将蜡烛插在床板缝里。齐明帝听到这件事后，赐给傅昭漆盒烛盘等物，并对他说："你有古人之风，所以将古人之物赏赐你。"

梁朝初建时，梁武帝因早就听到过傅昭的贤名，便请他担任骠骑录事参军之职，不久又提升为黄门侍郎兼御史中丞。

梁武帝天监十一年，傅昭出任信武将军、安成内史。他在安成郡任职期间，仍以清廉为人称道。安成郡不产鱼，吃鱼比较困难，大多从外地运来。有人暑天给他送来一些鱼，他既不愿意接受，又不好当面拒绝，便在献鱼人走后将鱼挂在门旁边，让它变臭。有人给傅大人送鱼的消息传开后，一些溜须拍马之徒也赶来送鱼。当他们看到傅昭门旁挂的那条臭鱼后，明白了傅昭的心意，不敢再上门送鱼了。

天监十七年，傅昭被封为智武将军、临海太守。他到任后，先在郡内视察民情，整饬吏治。他发现郡内有一处盛产蜜蜡的山岩，四周却围起了栅栏，不许老百姓进去，就询问原因。府吏回禀说，这已是老规矩了，历任太守都将这座蜜岩封禁起来，以便收了蜜蜡出售得利。傅昭听了后很生气，对地方官说："周文王有台池苑囿鸟兽游观之乐，尚且与百姓共同享用，以大喻小，这座蜜岩也应该太守与民共享。"他下令拆除栅栏，让百姓自由采集蜜蜡。

有一次，一位县令给他送来一竹篮栗子，而在竹篮底下放着丝绢。傅昭看了后笑了笑，将东西退了回去。

傅昭一生做官，以清廉寡欲为政。在朝中任职时，从不请托走门路，也不收罗门生，凡是钻营谋利的事从不沾边，公务之余以读书为乐，虽老不变。

■故事感悟

傅昭权倾天下，家里却连一盏烛台也没有，衣食起居与百姓无异，其清廉寡欲的程度由之可见一斑。傅昭与百姓同呼吸共命运，主动为百姓分担忧愁，不愧为百姓的父母官，更不愧为清介自守的典范。

■史海撷英

御史中丞

御史中丞于秦朝时始置，类似于近代的督察处、政风廉洁处、廉政公署等，主要职责是防范朝廷主官侵害人民权益、贪官污吏、贪赃枉法。

汉朝时期，御史中丞为御史大夫的次官，或称御史中执法，掌管兰台图籍秘书事，综领十三州刺史和侍御史，指挥他们监察天下郡国官吏、审计上报的各类文件账簿等，对三公、九卿也有弹劾的权力。

汉哀帝时期，废掉了御史大夫，以御史中丞为御史台长官，此后历代相沿不改，只是官名时有变动，如曹操曾改御史中丞为宫正，取其纠弹百官朝仪的职掌而言；北魏时期还曾改称为中尉。

南北朝时期，御史大夫时置时废。

隋朝时置御史大夫，不置御史中丞，这是为了避讳（隋太祖名杨忠）的缘故。

唐朝、五代、宋朝时期，大夫与中丞并置，只是大夫极少除授，仍以中丞为长官。

明朝时期废御史台，改设都察院，此官也逐渐被废。

清朝时期，督抚常带都察院右副都御史衔，当时以为副都御史可比前代御史中丞，故称督抚为中丞。

1911年，孙中山创立民国后，改设立监察院。

■文苑拾萃

"溜须拍马"的典故

"溜须拍马"这个词是用来形容对他人阿谀逢迎，对他人不切实际甚至虚妄地夸大、"赞扬"，以博取对方好感。属贬义词。其实，这个词原是由意思相同的两个词所构成——"溜须"与"拍马"。"溜须"与"拍马"二词，一个出现于中原地区，一个出现于中国北方游牧地区，后由于意思相近，故将之合二为一。

"溜须"源于古代中原。宋朝寇准有一门生叫丁谓。一次二人共同进餐，寇准的胡须上不小心沾上一个饭粒，丁谓瞧见忙上前将其从寇准的胡须上小心顺下，并将老师的胡须梳理整齐，极尽奴媚之相，旁人看了大打喷嚏，后来称丁谓这种行为是"溜须"。

　　至于"马"不是用来吹的，是用来"拍"的——"拍马"。该词源于我国北方养马的游牧地区。蒙古是马上得天下的民族，所以元朝的官员大多是武将出身，下级对上司最好的赞美，就是夸他的马好。一方面是蒙古人对马钟爱有加，另一方面马也是他权力、身份、地位的象征，因此夸他的马就等于是夸他。

钟离意不受皇赐珠宝

钟离意（生卒年不详），字子阿。会稽山阴人。年轻时曾任会稽督邮、堂邑县令、当朝尚书。钟离意做官三十余年，用仁爱感化人，百姓多富足，后因病死于任职期间。

东汉时期，有一位不愿领受皇帝所赐珠宝，而且还敢评论一番的尚书，他叫钟离意。

钟离意年轻时任会稽督邮时，就表现出非凡的见识。督邮是太守的佐吏，掌管察纠属县官吏违法之事。

有一次，府吏送来一份公文，上面记录了郡里有些县的亭长接受酒礼的事，太守要钟离意下去考察这些人。他看完这封公文后，封好扔还给府吏，接着就去参见太守，陈述自己对这件事的看法。他说："《春秋》记历史上的事，先记国内后记国外。《诗经》里也讲，'在妻子面前能以身作则，才能治理国家'。这说明政事与教化的根本方法要由近及远。现在应该先清查郡衙内的人员，同时宽恕远县属员的细小过失。"太守听了他的意见，很是赞赏，认为他是贤明而有见识的人。

光武帝刘秀即位后，钟离意被提拔为尚书，掌管文书奏章，协助皇帝处理政务。在此间，交趾郡太守张恢因贪赃千金被处以死刑，并将家产全部查抄，上交掌管国家财政的大司农登记处理。刘秀下诏将查抄物资分赐群臣，并分给钟离意一份珠宝，不料他将珠宝全部放在地上，不肯接受，也不向刘秀拜谢。刘秀感到奇怪，就问他是什么原因。

钟离意回答道："臣听说，孔子宁愿忍受口渴也不喝盗泉的水，曾参走到一个名叫胜母的镇子就将车倒回，不肯进去，这都是因为厌恶他们的名称啊。陛下赐给臣的这些东西，都是带有秽气的贪赃之物，臣实在是不敢拜领。"

刘秀听了他这番话，赞叹地说："尚书之言，多么清白啊！"

■故事感悟

钟离意立身处世求清白，秉持着心中的底线，不与人同流合污，为人处世彰显出了个人的高风亮节。钟离意清高但不孤傲，值得后人学习。

■史海撷英

督 邮

督邮是我国古代的一种官职名，汉代开始设置。

督邮属于郡一级的重要官吏，平时由郡太守排出巡视郡内属县的各个地方官是否称职，掌管郡内驿站；还可以案验刑狱，检核非法。郡内分为多部的，每部各设置一名督邮。

魏晋时期，督邮的地位开始下降。此后历朝历代，设置也逐渐减少，如北齐只设于清都郡。隋朝时期，开始废郡，督邮也随之被废止。

光武帝临淄劳耿弇

《后汉书》

　　车驾至临淄自劳军，群臣大会。帝谓弇曰："昔韩信破历下以开基，今将军攻祝阿以发迹，此皆齐之西界，功足相方。而韩信袭击已降，将军独拔勍敌，其功乃难于信也。又田横烹郦生，及田横降，高帝诏卫尉，不听为仇。张步前亦杀伏隆，若步来归命，吾当诏大司徒释其怨，又事尤相类也。将军前在南阳，建此大策，常以为落落难合，有志者事竟成也。"

三朝元老裴潜"挂胡床"

裴潜（？—244），字文行，河东闻喜人。裴姓大族出身，东汉末及三国时曹魏官员，官至尚书令。

唐朝著名诗人李白"去时无一物，东壁挂胡床"的诗句，赞美的是三国时期魏国的廉吏裴潜。

裴潜在曹魏政权中可算是个"三朝元老"了。他虽然久任要职，但为官清廉过人，平日的生活极其简朴，没有一丝官气。他到外地赴任，从来不带家眷，也没有多余的财物捎回家，妻子儿女的日子过得很艰难。为了维持一家人的生活，他的妻子常到野外采集藜草编织成壁障拿到市上去出售，以此换点粮食回来，有时卖不出去，全家人往往两天吃一顿饭。

裴潜在京任职时，他出入官府不乘轿子，只乘简陋的竹篷车。众弟弟出门到乡下去，也常常步行，同老百姓家的子弟一样。

裴潜在任兖州刺史时，曾经做了一个叫"胡床"的可折叠的轻便坐具，他离任时，将胡床挂在柱子上。这件事为人们所传颂，以致"挂胡床"成了廉洁的代名词。梁朝简文帝写有"不学胡威绢，宁挂裴潜床"的诗句，可见他的清廉作风对后世有很大影响。

□故事感悟

　　裴潜位高权重，为官清廉，受人尊重。他洁身自好的为官作风渐渐形成一种风气，影响着时人，也为后人做出了表率。

□文苑拾萃

寄上吴王三首

（唐）李白

其一

淮王爱八公，携手绿云中。
小子忝枝叶，亦攀丹桂丛。
谬以词赋重，而将枚马同。
何日背淮水，东之观土风。

其二

坐啸庐江静，闲闻进玉觞。
去时无一物，东壁挂胡床。

其三

英明庐江守，声誉广平籍。
洒扫黄金台，招邀青云客。
客曾与天通，出入清禁中。
襄王怜宋玉，愿入兰台宫。

陆贽廉洁自律遭人妒

陆贽（754—805），字敬舆。唐代苏州嘉兴（今属浙江）人。18
岁进士及第，登博学宏词科，历任县尉、八御史、翰林学士、谏议
大夫、兵部侍郎、宰相和忠州别驾等职。陆贽一生清慎，甚至被皇
帝说是"太过"。宋代名家苏东坡对他推崇备至，认为他才智可比
张良，思辨不下贾谊，文章则"聚古之精英，实治乱之龟鉴"。

陆贽是唐代时期一位十分清廉的官吏。在担任华州郑县县尉时，他
曾东归洛阳看望母亲，顺道拜望了名重一时的寿州刺史张镒。

张镒十分赏识陆贽，与他结成了忘年之交，临别时还赠送陆贽百万
钱，说："请以此作为太夫人一天的费用。"

陆贽对张镒的赠送一再道谢，但却分文不受。为了表示领情，他只
是象征性地收了一串新茶。张镒为此更加敬重他，认为他是一位贤士。

贞元三年（787年），陆贽任中书舍人。这时，陆贽因为母亲病逝而
持丧洛阳，借住在嵩山的丰乐寺。消息传出后，朝野上下都向他送礼。
然而陆贽依旧分文不取。为此，史书上还专门记载了这一消息："四方
赙遗数百万，公（陆贽）一无所受。"

陆贽升任宰相后，对自己的要求更加严格。当时，一些跋扈的藩镇倚仗其手中权力，称雄一方。不少朝官为了自身的利益，竞相同藩镇交往。而藩镇为了随时掌握朝廷的动态，取得内援，也总以厚礼拉拢朝官。陆贽作为当时执掌朝政的大臣，自然也成为众多藩镇竭力拉拢的对象。于是，重到金银财宝，轻至鞭靴细小，纷纷被送上门来，但陆贽依然一如既往，对这些礼品金钱一概谢绝。

陆贽的清正廉洁为当时的正人君子所称道，然而却也令奸邪小人惶恐不安。于是，有人称陆贽是沽名钓誉，也有人说他不善于沟通上下级关系。昏庸的唐德宗李适得知后，对陆贽的所为感到不可思议，便下密旨责备他"清慎太过"，并谕其"如不接受贵重财物，细小物品受亦无妨"。

陆贽马上上疏，表示不敢奉诏，说："人之行贿，并非所愿，只是行之有利，不行有虑而已。"指出：要想肃清贿赂之风，首先就要从上面做起，因为"上之所为，以导下也，上所不为，以检下也"，所以"绝利去贿者，莫先于君主"。只有君主率先垂范，才能使朝廷大臣乃至各级地方官廉洁守法。

■故事感悟

小人的诽谤攻击不足以撼动陆贽的清正廉明，反而促成了他百世的美名。陆贽洁身自好，不与世俗同流合污。可以说，陆贽不仅廉洁自律，而且心怀天下，他这种精神值得后人学习。

■史海撷英

别驾

别驾为我国古代的一种职官名。汉朝时初设，为州刺史的佐官。因为随刺史巡行视察时要另外乘车驾，故称为别驾。

隋唐时期，别驾曾改称为长史，后来又恢复原名，两个名称在后代也时常互换，有时则并置于刺史之下，但多为无实职的闲官。

□文苑拾萃

登柳州城楼

（唐）柳宗元

城上高楼接大荒，海天愁思正茫茫。
惊风乱飐芙蓉水，密雨斜侵薜荔墙。
岭树重遮千里目，江流曲似九回肠。
共来百越文身地，犹自音书滞一乡。

 # 刘璟为官廉洁自好

刘璟（1350—1402），字仲璟，又字孟光，号易斋。明朝开国元
勋刘基的次子，明朝著名的政治人物。

刘璟是明太祖朱元璋的宠臣。他一生为人刚直，而且还是一位不爱
财、不怕死的正人君子。

刘璟很有才学，20岁时已精通诸子百家的著作。明太祖朱元璋很
怀念他的父亲刘基，在洪武二十三年（1390年）命他承袭了父亲的爵位，
并封他为阁门使。

刘璟为官廉洁自好。明太祖初期，为了巩固和发展与邻国的关系，
派他出使安南国，颁读诏书。他到安南宣读完诏书后，只参加了一下宴
会就动身回国。安南国王向他献上犀角象牙、金银珠宝等很多珍贵礼
品，刘璟连看也不看一眼，匆匆上路。安南国王过意不去，又派大臣赶
到半路上拦截他，再次献上那些珍宝，诚恳希望他收下。刘璟从行李中
拿出一首诗让安南大臣们看。只见纸上写着《初入关》诗一首：

咫尺天威誓肃将，寸心端不愧苍苍。

归装若有关南物，一任关神降百殃！

看到这首诗，他们才理解了这位大国使臣的崇高品格，不由得肃然起敬，目送他渐渐远去。

■故事感悟

出访邻国是一次国与国之间友好来往的外事活动，使者不仅仅代表自己，更是代表国家。刘璟拒不收礼表现其高尚的清廉作风，为国家为自己赢得了荣誉。

■史海撷英

都指挥使司

都指挥使司是我国明朝时期所设立于地方的军事指挥机关。

明朝初年，废掉了元朝的枢密（枢密院）、平章（同平章事）、元帅、总管、万户等武官号，统兵五千人者授指挥，以下千户、百户、总旗、小旗不等。根据山川形势，又分设卫所（卫所制），大约五千六百人为卫、千人为千户所、百人为百户所，官兵均世袭兵籍。

■文苑拾萃

最早的人口普查

明朝的"户帖"，是当时的一种户籍管理制度，也被认为是世界上最早的人口普查制度。

洪武三年（1370年）十一月，明太祖朱元璋派军队协助地方进行了一次对人口的"点闸对比"，也就是户口清查。所采取的措施，是给每一户发一本"户帖"，户帖上首印着"钦奉圣旨"四个大字，下面要依次填写上户主的姓名、籍贯以及全家的人口数。再下面就是全家其他成员的"花名册"，包括家庭成员的姓名、性别、年龄、与户主的亲属关系等。最后一项是"户别"，即标明该户是"民户""军户"还是"匠户"等。

户帖填写完整后，朝廷集中"存档"，封存于户部。以后各地每年都要上报一次人员增减情况，以便获悉全国准确的人口数字。

在我国，有关户口登记早在《周礼》中就已经有了记载，汉、唐、元时期渐渐复杂，但都以纳税人为准，因而不够准确。明朝的"户帖"制度将男女分别登记，尚属首次，做法很像我们现代的"人口普查"。

钦差大臣素衣回乡

　　姚广孝（1335—1418），幼名天僖，法名道衍，字斯道，又字独闇，号独庵老人、逃虚子。江浙等处行中书省平江路长洲县（今属江苏省苏州市）人。元末明初政治人物、诗人，明成祖朱棣自燕王时代起的谋士、靖难之役的主要策划者。

　　姚广孝是明朝初年"超凡脱俗""四大皆空"的和尚，也是积极用世、"竭精殚智"的谋臣。他最先识破建文帝削藩的用心，密劝燕王朱棣起兵夺取全国政权；在燕王畏惧"天意"而发生动摇时，他设法坚定了燕王的决心和信心，从而发动了"靖难之役"；他为燕王出谋划策、决胜千里，一举攻下石头城，辅其登上九五之尊，燕王成为历史上颇负盛名的明成祖；他为了明王朝的长治久安，说服明成祖迁都北京。

　　《明史》中这样记载："帝用兵有天下，道衍力为多，论功以为第一。"正因如此，明成祖朱棣在登基后的第二年，便"复其姓，赐名广孝"，官拜资善大夫，加封太子太师，甚至与他说话时也只"称少师而不呼其名，以示尊宠"。

姚广孝成为达官贵人后，仍过着往昔的僧人生活：住的是寺院，吃的是素食；除冠带而朝外，平时依旧穿着袈裟，手持念珠，口中不离"阿弥陀佛"。他还专此写过一首诗，其中两句是："金陵战罢燕都定，仍是癯然老衲师。"

明成祖不忍心让这位"第一功臣"如此清苦，多次劝他蓄发还俗，尽享荣华富贵，还特地赐他一处豪华府第和两位漂亮的宫女，但是，他却一一谢绝了。明成祖也曾多次赏赐姚广孝一些衣帛之类。姚广孝也总是推辞再三，实在无法推辞，只是暂时收下。但他既不久存，更不享用，而是很快就将衣物分赠给了贫苦人。据说，姚广孝的父母皆死于贫病。死后，穷得连块墓地也没有。史书上写道："垅墓既无，祖业何在？岁时祭扫，曾不可得。"姚广孝功成名就后，也没有为他们购置新的墓地，更没有为他们改葬，而是将他们的灵位放进了寺院里，每日为他们焚香、磕头、祷告。

姚广孝在71岁那年作为钦差大臣回原籍赈灾时，同样保持着自己的一贯作风。当时，许多人都期盼着一睹他那衣锦还乡的风采，没料到的是，他一不骑马，二不坐轿，三不前呼后拥，四不鸣锣开道，只穿了件旧袈裟，不声不响地回到了苏州故里。

□故事感悟

姚广孝为辅佐明成祖建立千秋功业可谓尽职尽责，充分尽到了谋臣应尽的义务。面对财富与美色，姚广孝所表现出的高风亮节令人钦佩。他以天下为己任，一心致力于社稷安危与百姓福祉的谋取，自己却安贫守旧，丝毫不为世俗利益所动。他这种清誉自珍的精神令人敬仰，为后世做出了表率。

晚年的姚广孝

姚广孝晚年开始著《道余录》，专门诋毁程朱理学，这引起当时人们的鄙夷和不满。所以，当他回乡省亲访友时，到长洲拜访自己的姐姐，姐姐却闭门不见；又去拜访老友王宾，王宾也不见他，只是遥语道："和尚误矣，和尚误矣。"后来他又跑去见姐姐，姐姐又骂他。姚广孝为之悯然，体会到了众叛亲离的滋味。

永乐十六年（1418年）三月，姚广孝已是84岁的高龄，病重不能上朝，但仍然住在庆寿寺。明成祖朱棣驾车临视，两人相谈甚欢，明成祖还赐给姚广孝金睡壶。

姚广孝临死前，请求明成祖释放建文时的主录僧溥洽，明成祖答应了他。姚广孝顿首感谢，之后不久去世。

十二生肖排列

据《史记·十二诸侯年表》记载，干支纪年是从西周共和元年（公元前841年）开始的。南宋时出现了对生肖动物的选用和排列因由的讨论，著名理学家朱熹认为十二生肖的排列是根据动物出动的时间来确定的。后来的著名学者王应麟指出这种解释是"牵强附会"。

明代，观察入微的王阳明学派，指出十二生肖中的鼠虎龙猴狗各有五个脚趾，马是每肢单蹄，奇数属阳；而牛兔羊鸡猪都是四趾，蛇有双舌，乃偶数，故属阴。这种解释只能说明十二生肖排列的巧合，对为什么采用这些生肖动物依然解释为"常用"。这说明直到明代，对十二生肖选用和排列的因由还没有突破性的解释。

陆陇其执政为民

陆陇其（1630—1692），原名龙其，字稼书。浙江平湖人。清代理学家。清康熙九年（1670年）中二甲进士，任直隶灵寿县知县。康熙十四年四月授嘉定（今属上海）知县。康熙二十二年（1683年），魏象枢以"天下第一清廉"为由，荐举陆陇其补转知灵寿（今属河北），以清正廉洁而著称。俞鹤湖诗赞曰："有官贫过无官日，去任荣于到任时。"康熙三十一年（1692年）卒。

陆陇其是清朝的著名廉吏。无论他在哪里任职，他的夫人都一直伴随着他，并带着她的纺车、织布机，每天淘米做饭，纺纱织布。

康熙十五年（1676年），也就是陆陇其担任嘉定知县的第三年，新任江宁巡抚慕天颜到任。此人一向贪得无厌，常常借故勒索属下。

有一天，慕天颜为庆贺自己的生日而大摆宴席，各州县的长官无不争相献礼，"皆献纳珍物，惟恐不丰"。显然，这些珍物都是百姓的血汗换来的。陆陇其对此十分不满，但为了不失礼，也只好前去祝寿。

当他见到慕天颜时，只是从袖中拿出一块布、两双鞋，不慌不忙地说："此非取诸民者，为公寿。"慕天颜瞥了一眼，便皮笑肉不笑地谢绝了他的礼物。

康熙二十九年（1690年），灵寿县遭受了严重的自然灾害，陆陇其奉命赈济灾民，发银3000两。他深知历年赈灾的弊端，严防贪官污吏再从中越扣，便亲自"裹粮驰驱，深山雾谷，靡所不到，审其众寡而酌给焉"。

这时，他的一位上司要求他只下发2000两，余下的1000两献给上司，作为"勘荒费"；还暗示他也从下发的2000两中，再挤出一些作为他们二人的"勘荒费"。陆陇其当即大怒，义正辞严地表示："此银乃加惠穷黎者，有司扣作虚员，是上负朝廷，下欺百姓也！"

那上司无言以对，只好照他的方案，将3000两赈灾的银子全部发给了老百姓。

在陆陇其担任司防官时，按旧例，为迎接新官上任，和坊长都需向他送"公费"。他有报单到城上，也需向他送"门包"。而他却一概不收，还下令革除了这一陋习。

■故事感悟

陆陇其不与官场中的歪风邪气同流合污，并与其作坚决斗争。"此银乃加惠穷黎者，有司扣作虚员，是上负朝廷，下欺百姓也！"一句话道出了陆陇其清廉为官、执政为民的心声。

■文苑拾萃

田家行

（清）陆陇其

谁云田家苦，田家亦可娱。

上年虽遭水，禾黍多荒芜。

今年小麦熟，妇子尽足哺。

所惧欠官钱，目下便当输。

昨夜府檄下，兵饷尚未敷。

里长惊相告，少缓自速辜。

不怕长吏庭，鞭挞伤肌肤。

但恐上官怒，谓我县令懦。

伤肤犹且可，令懦当改图。

阳春变霜雪，尔悔不迟乎。

急往富家问，倍息犹胜无。

田中青青麦，已是他人租。

闻说朝廷上，方问民苦荼。

贡赋有常经，谁敢咨且吁。

不愿议蠲免，但愿缓追呼。

俭朴清官郑板桥

郑板桥（1693—1766），名燮，字克柔，号板桥。江苏兴化人。清代著名画家、书法家。乾隆元年（1736年）丙辰进士，乾隆七年（1742年）出任山东范县县令。乾隆十一年（1746年）调任潍县县令。为官期间，爱民如子，对民事处理公正，多年没有一件冤案。乾隆十三年（1748年），乾隆帝游山东，封郑板桥为书画史。

郑板桥反对奢华，主张俭朴。平时，他每次察看民情，从来不坐轿、不骑马，只是身穿便服，脚踏草鞋，在田间地头与百姓们促膝畅谈。即便夜间外出查巡，也仅派一个人提着灯笼引路，决不许打着"回避""肃静"的牌子鸣锣开道。

然而，他的这些做法却与当时的官场风气格格不入，所以很快便有人指责他"于州县席，实不相宜"。他听后只是淡然一笑，依旧我行我素。

有一次，郑板桥和山东其他一些县令到济南议事。有关方面按照惯例，在趵突泉举行了隆重的晚宴。当郑板桥看到那些开怀痛饮的官员和浓妆艳抹的妓女依偎在一起的丑态，心中十分厌恶。恰在此时，有人起哄让他当场写诗助兴。他不假思索地拿起笔来一挥而就，写了一首七言律诗。随后，吐出了一口长气。众官员兴冲冲赶过一看，顿时气得脸色铁青，拂袖而去，宴会也随之不欢而散。原来，那纸上写的是：

> 原原本本岂徒然，静里观澜感逝川。
>
> 流到海边浑是卤，更谁人辨识清泉。

该诗的意思是：贪官妓女这般胡闹，使趵突泉深受污染。这里的水流到海边定像卤水一样浑浊，谁还知道它是从清泉里冒出来的呢！

郑板桥在范县当了五年知县后，又在山东潍县（今潍坊）做了七年知县。

潍县濒临渤海，盛产食盐，素有"小苏州"之称。但在郑板桥七年的任期中，却有四年先后发生了严重的旱、蝗、水灾。

为了拯救百姓，郑板桥一面向上据实禀报灾害，请求朝廷调拨钱粮赈济；一面积极采取措施，竭力安抚灾民。诸如以工代赈，让饥民兴修城池、道路，"就食赴工"，从而解决了一大批人的吃饭问题；同时还下令让"邑中大户开厂煮粥轮饲之"，使一些不能"就食赴工"的老弱之人得以充饥；还"尽封积粟之家，责其平粜"，从而平抑了粮价，安定了民心。

其间，郑板桥还带头节衣缩食，捐赠自己的官俸，用以赈济灾民。

郑板桥曾为一位巡抚画了一幅画，名为《风竹图》，并题诗曰：

> 衙斋卧听萧萧竹，疑是民间疾苦声。
>
> 些小吾曹州县吏，一枝一叶总关情。

乾隆十七年（1752年），60岁的郑板桥因赈灾惹怒了上司。上司无中生有，硬说他贪赃枉法，下令免了他的官职。他买来三头毛驴，一头铺上垫子，准备自己骑坐；一头驮着心爱的书和琴，一头让一个小伙子骑着在前面带路。临行时，潍县的百姓们倾城相送。他戴着风帽，身穿毡衣，当着众人的面，对来接任的新县令说："我郑板桥因'贪赃'被免官。今天我走了，行装是轻便简单的。诸位君子是清官，情操高尚，被上司器重，来此任职。将来，你们离职时，带的行装恐怕不会比我再少吧！"说罢扬鞭上路，向扬州而去。

在扬州，郑板桥因为生活贫困，不得不重操旧业，继续卖画。但他卖画只求能够维持生计，不图发财致富。他曾明确表示："凡吾画兰画竹画石，用以慰天下之劳人，非以供天下之安享人也。"因此，达官富人想得到他的画，是非常困难的。

郑板桥去世时享年73岁。许多年来，他的人品、政绩，也像他的诗、书、画一样，一直受到人们的交口称赞。

■故事感悟

时局的污浊无法泯灭一颗清廉的心，郑板桥不与世俗同流合污，展示其独有的清高和傲视群芳的气概。可以说，一句"流到海边浑是卤，更谁人辨识清泉"道出了他的心声，也展示了情操的高洁。

■史海撷英

郑板桥的书画成就

郑板桥一生为官清廉，罢官后便客居扬州，身无长物，只有寥寥的几卷图书，于是便每日以卖画为生。

郑板桥为"扬州八怪"之一，他的诗、书、画被世人称为"三绝"。他的诗宗陶渊明、陆放翁，画竹似苏东坡。

郑板桥还以篆、隶、草、行、楷等各种书体的字形，并以兰草画法入书，形成有行无列、疏密错落的书法风格，创造了"六分半书"的书体，后人称之为"板桥体"。

■ 文苑拾萃

石头城

（清）郑板桥

悬岩千尺，借欧刀吴斧，削成城郭。
千里金城回不尽，万里洪涛喷薄。
王浚楼船，旌麾直指，风利何曾泊。
船头列炬，等闲烧断铁索。
而今春去秋来，一江烟雨，万点征鸿掠。
叫尽六朝兴废事，叫断孝陵殿阁。
山色苍凉，江流悍急，潮打空城脚。
数声渔笛，芦花风起作作。

王杰位高清廉奉公

王杰（1725—1805），字伟人，号惺园，又号葆醇。陕西韩城人。乾隆二十六年（1761年）状元，历任翰林院修撰、内阁学士、刑部侍郎、吏部侍郎、左都御使、兵部尚书等职。乾隆五十一年（1786年）任军机大臣；次年拜东阁大学士，加太子太保。嘉庆帝亲政后，又被委以首辅。为官40余年。

王杰是清朝乾隆年间的著名大臣。他曾督浙学三任，督闽学两任，三充会试正总裁，堪称"桃李满天下"。对于一般人来说，这些都是难得的徇私舞弊的机会和条件，然而王杰却始终一身正气，不仅严于律己，从不谋求私利，还教育门生要清正廉洁。

有一次，王杰的一位得意门生调任回京。当时正赶上王杰的寿辰，该人便带上白银数百两，前去为王杰贺寿。

师生重逢自然分外欢喜，然而当门生拿出礼金后，王杰却顿时露出了不悦的神情。他诚恳地批评这位门生说：你还记得当年我是怎么教导你的吗？今天我若是收下你的礼金，不等于我说话不算话了吗？

门生听后既感动又惭愧，当即让人将银子收了回去。

王杰的儿子擅长书法文艺，曾在京城为父亲代笔。由于他聪颖好学，又谦逊厚道，王杰的同僚们都十分喜欢、关心他，希望他也能早日金榜题名，连乾隆皇帝也多次问及他的情况。然而，王杰却认为儿子不适合为官，而且自己身居要职，儿子若参加考试，势必会让同僚照顾。所以，每届考试时，王杰总是不让儿子参加。

后来，王杰的儿子回到陕西，想参加本省的乡试。当时陕西的巡抚正巧是王杰的门生，于是，王杰提前向那位巡抚打了招呼不予录用。巡抚基于王杰的恩德和威严，没敢将他的儿子录用。

王杰一生生活俭朴，从不铺张浪费，耿直清介。他与和珅共事多年，不仅不与和珅同流合污，还多次指责揭露和珅的贪婪丑行。尽管和珅位居首辅，但乾隆帝也很信任王杰，以至于"和珅虽厌之而不能去"。所以，每次议政之后，王杰对和珅都是不屑一顾，而和珅总是主动同王杰套近乎。

有一次，和珅拿出一幅水墨画请王杰一同欣赏。王杰为了讽刺和珅的贪婪，便用双关语说："贪墨之风，一至于此。"

和珅听罢羞得无言以对，只好悻悻地走开了。

还有一次，和珅为了讨好王杰，在议政结束后拉着他的手，开玩笑似地说："状元宰相手果然好！"

王杰却板着脸回答说："王杰手虽好，但不能要钱！"

和珅顿时羞得满脸通红，而围观者却无不感到大快人心。

和珅表面虽然对王杰很恭维亲和，其实无时无处不在寻机报复他。有一次，和珅听说王杰在自己的家乡盖有三王府、四王府，来不及弄清事情的原委，便匆匆地跑到乾隆帝面前告状，说王杰徇私舞弊，贪赃枉法，结党营私，罪当斩杀！

乾隆帝虽然感到纳闷，但还是密令亲信前往韩城，实地调查王杰在家乡的住宅。

当亲信到达王杰家的住处一看，竟是"湫隘如寒土"。问起"三王府"的事，才知道这是当地人就其姓氏及排行而作为一种开玩笑的称呼。待亲信回京"以实密奏"后，乾隆帝不禁哈哈大笑，随后召王杰、和珅进宫，并对王杰说"卿为宰相，而家宅太陋"，随之"赏银三千两修之"。到这时，王杰还不知道是怎么一回事呢，但他还是谢绝了乾隆帝的美意；而知道这是怎么回事的和珅却在一旁又惊又怕又后悔，恨不得钻到地洞里。

嘉庆帝即位后，和珅很快便身败名裂。与此同时，王杰则更为世人所称许，并被擢升为当朝首辅。

嘉庆帝十分敬重王杰，每逢朝政大事都要征求他的意见。可惜，这时的王杰已经是78岁的高龄了。基于自己年迈体弱，腿脚不便，嘉庆五年（1800年），王杰提出了致仕的申请。但嘉庆帝不希望他离开，并进行多方挽留，还特许他在紫禁城乘轿，可拄着拐杖上朝，不必再去军机处值班等。王杰不便再辞，又坚持任官三年。

■故事感悟

王杰位高权重，始终以清廉之心处理政事，用实际行动诠释了一个廉洁奉公的臣子清白之所在。王杰不仅以身作则，教化下属，且与贪污腐败行为作斗争。他这种耿直清介的品德不仅影响了当时的政坛，也为后人做出了表率。

第三篇

清廉自持重修养

名门之后杨恽

杨恽（？—前54），字子幼。西汉华阴（今属陕西）人。司马迁的外孙，丞相杨敞之子。喜好史学，初为中郎将，汉宣帝神爵元年（公元前61年），为诸吏光禄勋，因告发霍光谋反有功，封平通侯。为官廉洁无私，为人敢于直言，轻财好义，办事公道，在朝臣中有很高的声望。

西汉宣帝刘询在位期间，朝中有一位名叫杨恽的大臣，他不仅才能非凡，而且出身名门。他的父亲杨敞在昭帝朝任过丞相，外祖父司马迁是武帝时的太史令。

杨恽从小受到很好的教育，还读过外祖父司马迁所写的《史记》，从中获得了许多治国的道理。他喜欢结交有学识的朋友，身边也总是名流云集。走上仕途后，杨恽先是在朝中担任郎官，后来又被提升为左曹。

汉宣帝刘询即位后，开始有意识地削弱霍家的权势，对此，霍光的儿子霍禹等人开始感到不安，于是密谋造反，想废掉刘询，立霍禹为帝。杨恽闻听这个消息后，马上报告了汉宣帝。由于揭发谋反有功，杨恽被封为平通侯，升为中郎将。

汉朝时期，郎官在外出休沐时，需要出钱购买财物，称为"山郎"。请一天病假，折抵一次休沐。一些贫穷的郎官由于出不起钱、生病时只好用沐假来抵偿病假，有的人一年多也得不到一次休沐。相反，一些富有的郎官能出钱购买财物，即便不是休沐日，也能经常在外面游玩；还有人会花钱选择理想的部门，为今后的升职做准备，以至于郎官中贿赂之风盛行。

杨恽担任中郎将后，废除了"山郎"的积习，并提前预算好一年所需的费用，然后由大司农用官费供给，不允许郎官再出钱。外出休病假沐假，要严格按照规定进行。而且，郎官、谒者犯法，杨恽也都上书请求罢免；他还推荐德才兼备的郎官外出任职，有些人后来官至郡守、九卿等。

在杨恽的教化下，郎官们都开始严格自律，杜绝了请托贿赂的弊端，受到了百姓的一致拥戴。由于杨恽所做出的政绩，宣帝对他非常器重，提拔他为诸吏光禄勋。

杨恽把金钱看得很淡。当初，他从父亲那里得到了500万钱的财产，自己被封侯后，就把财产都分给了同宗族的亲属。他的继母自己没有亲生儿子，死后也把数百万遗产都留给了杨恽，杨恽又都分给了后母的兄弟们。他自己得到的上千万赏金，也都分给了大家。

杨恽为官廉洁无私，不贪不占，郎官们都称赞他为官清廉，办事公道。但因他说话毫无顾忌，绝不拐弯抹角，揭发他人隐秘不宣的罪恶不留情面，所以在朝中树敌很多，特别是得罪了宣帝的知己、太仆戴长乐。

汉宣帝刘询是武帝时因巫蛊案被废自杀的卫太子的孙子，从小在民间长大，认识了戴长乐，两人结成了无话不谈的知心朋友。刘询即位后，戴长乐受到了提拔重用，成为九卿之一。

有一次，戴长乐到宗庙学习礼仪，回来后对自己的部下吹嘘说："我当面接受皇帝的诏令，陪同皇帝演习礼仪，秺侯给我们驾车。"

有人因此而上书宣帝，告发戴长乐说了不适宜的话，宣帝随即命令廷尉进行审理。

戴长乐怀疑此事是杨恽指使人干的，非常气愤，决定报复。因此也给宣帝上书，罗列了杨恽的种种罪名，将杨恽告上朝廷。戴长乐和杨恽相互攻击，使宣帝左右为难。

宣帝看过戴长乐的奏折，沉吟良久，迟迟拿不定主意，一方是他微贱时结交的好友，一方是他器重的大臣，杀谁都感到于心不忍。思前想后，宣帝干脆下诏将两人全都罢官，让他们回家去做平民百姓。

杨恽虽然失去了爵位，回到家乡买房置地，添置家产，倒也自得其乐。他的朋友、西河人孙会宗时任安定太守，得知他整天优哉游哉，无忧无虑，一点儿也不把丢掉官职当回事，不觉为他捏了一把汗，忍不住写信劝告他说："做大臣的被废黜，应当闭门思过，显出惶恐不安的样子，让别人觉得可怜。不应当购置产业，与朋友们交往，受到他人的称赞。"

杨恽身为宰相的儿子，从小就名扬朝廷，是个不会伪装自己的人，对朋友的劝说大为反感，回信讥讽对他进行劝告的好友孙会宗，并对革职回乡的处境大为不满，满腹牢骚。

杨恽的侄子、安平侯杨谭时任典属国，为了安慰杨恽，对他说："西河太守杜延年，以前因罪罢官，如今又被征召为御史大夫。您的罪比他轻多了，又有功劳，一定会被朝廷重新起用的。"

杨恽灰心地说："有功也没用，这样的朝廷不值得为其尽力。"不料，杨恽此说引来一场杀身之祸。

他们议论此事不久，正巧赶上日食，有个人趁机给刘询上书，说这次日食是由于杨恽不肯悔过造成的。宣帝下诏让廷尉查办。廷尉查证了杨恽与侄子杨谭的对话，还查获了杨恽写给孙会宗的信件。看了杨恽给孙会宗的回信后，宣帝对杨恽更是深恶痛绝。于是廷尉就给杨恽定了大逆不道的罪名，将其腰斩。他的妻子儿女被流放到酒泉郡。

■故事感悟

杨恽用其性命控诉了当时昏庸无道的朝廷，用毕生精力践行了自己耿直清介、敢作敢为、仗义执言的信仰。杨恽虽然为其信义献身了，但历史给了他一个公正的评判。

■史海撷英

宣帝中兴

地节二年（公元前68年），西汉大将霍光死后，汉宣帝亲政。

汉宣帝在位的二十年间，致力于整肃吏治，加强皇权。他不仅铲除了霍氏家族，还诛杀了一些地位很高的官员。为了维护法律，汉宣帝还设置了治御史，以审核廷尉量刑轻重；设置廷尉平至地方鞠狱，规定郡国呈报狱囚被笞瘐死名数。重视民命之余，又加强中央对地方的控制。

此外，汉宣帝还召集一些比较有才学的儒生，到未央宫内并论五经异同，主要目的是巩固皇权、统一思想。其他如废除酷刑，蠲免田租、算赋，招抚流亡，在发展农业生产方面继续了霍光的政策。对周边少数民族，积极平息羌患，袭破车师。当时正赶上匈奴发生内乱，呼韩邪单于亲自到五原塞上请求入朝，汉宣帝又得以完成武帝倾全国之力用兵而未竟的功业。

汉宣帝统治期间，吏称其职，民安其业，历史上称其统治的时期为"宣帝中兴"。

杨震为官清廉自持

> 杨震（? —124），字伯起。东汉时期弘农华阴人（河南陕西一带）。杨宝之子，是杨宝在华阴山救黄雀的"衔环"典故所指的"四世太尉，德业相继"的第一代。杨震为官，一向秉公立正，清廉自持，从不接受私人馈赠，更不干任何损公肥私的事。

杨震是东汉时期著名的廉吏。早在担任荆州刺史期间，杨震就发现当地一位名叫王密的人非常有才学，便举荐他当了官。

后来，王密升任昌邑（今山东巨野东南）县县令。这时，杨震正好改任东莱太守。当杨震在赴任路经昌邑时，王密十分热情，不仅亲自到郊外迎接杨震，还精心地为杨震安排膳宿，并到他所住的驿馆去请安叙旧。

这一天，夜深人静之时，王密见周围无人，突然从怀中取出十斤黄金来献给杨震，并且恭敬地说："恩师难得光临，特备小礼相赠，以报恩师的栽培之恩！"

杨震见状，严词拒绝，并严肃地批评王密："以前我是因为了解你的才干，才荐举你担此重任的。而你现在这样做，真是太不了解我了！"

王密感到很尴尬，但仍然力劝杨震收下，还小声地说："反正是黑天，又无外人知道。"

杨震听罢更加恼火，训斥王密道："你送金子给我，外人怎么能不知道呢？即使没有外人知道，也是天知，地知，我知，子知，何谓不知？以为无人知道，就宽容自己，这是万万要不得的！"

王密一听，简直是羞愧难言，只好挟起金子，谢罪而去。

几年后，杨震转任涿州太守。当时，社会上流传着这样的一句话："以贫求富，农不如工，工不如商，刺绣文不如倚市门。"因此，不少人都劝杨震利用当官的机会设法办一些私人企业，牟取利润。可杨震却始终没有同意。他说："使后世称为清白吏子孙，以此遗之，不亦厚乎？"意思是说：不给子孙购置家产，而给他们留下一个清官后代的好名声，不也很好吗？

杨震有三个儿子，但他从来不娇宠孩子们。他在乡下教书期间，除了严格要求三个孩子刻苦学习外，还总是在空闲时带他们到田间去参加各种体力劳动。杨震这样做，不仅是为了让孩子们认识各种各样的农作物，还使他们切身地体会到农民耕作的辛苦，从而培养他们的劳动习惯和热爱劳动人民的思想感情。

当时，杨震一家的经济状况并不算差，但他在生活上却一直保持着俭朴的作风。对于子女们的吃、穿、用等，他都管得很严，不允许他们浪费一文钱。

杨震在进京任职后，由于家离皇宫较远，而他又一直坚持每日步行上朝，朝廷考虑到他的实际情况，特意为他配备了一辆马车。

有一天，杨震在太学读书的三儿子杨秉趁杨震休假时，便乘坐着这辆马车去上学了。杨震发现后当即喝令停车，并且严肃地批评杨秉说："这辆车是朝廷专门为我上下朝而恩赐的，你怎么能坐着它去上学呢？你这么年轻就懒于走路，将来怎么能够竭诚为国效劳呢！"

杨秉听了父亲的话十分惭愧，从此无论遇到什么特殊情况，他再也没有坐过父亲的专车。

杨震的几个儿子长大后，为官也都清正廉洁，刚正无私，并由此而受到人们的交口称赞。尤其是三子杨秉，曾历任豫、荆、徐、兖四州刺史，在延熹五年（162年）还迁升为宰相。

据史载，杨秉一向严于律己，忠君爱民，堪与其父相媲美。他的"三不惑"，即不嗜酒、不好色、不贪财，更为朝野所敬服。

■故事感悟

杨震洁身自好，视清誉之名为传家财富，且在清廉自律、以身作则的同时，也严格要求儿子，将清廉品格世代传承。杨震这种清廉为官的精神值得后人学习。

■史海撷英

"衔环"的典故

传说，东汉时期弘农华阴人（河南陕西一带）杨宝九岁时，在华阴山北（华山之北）看到了一只凶恶的大鸱鸮咬伤了一只黄雀，后来又被一堆蚂蚁团团围住，杨宝顿时起了恻隐之心，救了这只受伤的黄雀。

后来，杨宝将这只黄雀放置在箱中保护它，并用黄花喂养它。直至黄雀的伤养好了之后，杨宝才将其放走。

这件事过后，杨宝便梦见黄雀化成一位黄衣童子回来报恩，童子说：

"我西王母使者，君仁爱救拯，实感成济。"并以白环四枚赠送给杨宝，说："令君子孙洁白，位登三事（三公，东汉以太尉、司徒、司空为三公），当如此环矣。"

黄衣童子说完这些话后就不见了。此后，杨宝的儿子杨震，孙子杨秉，曾孙杨赐，玄孙杨彪等，均如黄衣童子所说的那样："四世太尉，德业相继"，全都做官至三公，而且品德操守方面都十分清白。

当时这件事成了一个传奇，因而也成为"衔环"报恩的神话而流传。

陆绩压船"郁林石"

陆绩(188—219),字公纪,吴郡吴县(今江苏省苏州市)人。东汉末年孙权麾下官吏,官至郁林太守、偏将军。为《二十四孝》中怀橘遗亲的主角。

晚唐文学家陆龟蒙,是吴郡吴县(今江苏省苏州市)人。他家门前有一块巨石,是他的远祖陆绩从郁林运来的。

三国时期,孙权主管吴国的政事后,将陆绩征召为奏曹掾。他刚正不阿,很多官吏都敬畏他。后来陆绩出任郁林郡太守,加偏将军,领兵2000余人。郡太守是一个很有权势的官职,几年之内就可捞个万贯家财。但陆绩廉洁奉公,政务之外就钻研天文、数学等,著作有《浑天图》《〈易经〉注》,还有阐述道家学说的著作,这些著作当时都流传很广。

陆绩在郁林罢官离任时,仍然是清贫如故,宦囊空空。从郁林返回家乡吴郡,须渡海北上。船家看到这位太守大人的行装只有简单几件衣物,没有大箱小箱金银珠宝,感到很吃惊,于是禀道:船上无货,船身太轻渡不了海。陆绩听后,便命差役们搬一块巨石上船,以增加船的重量。于是，广西郁林的巨石就乘船渡海来到了吴郡，一直放在陆家门前。人们赞扬陆绩的清廉，就把这块巨石称作"郁林石"。

■故事感悟

在时人眼中，一位太守卸任后拿石头压船是一个笑谈，但笑过之后更多的是感动和深思了。

■史海撷英

孙权乘马射虎

建安二十三年（218年）十月，孙权骑马到达庱亭这个地方，准备在这里射虎。

当孙权看到一只老虎向他扑来时，忙搭箭射出，可是他所骑乘的马却被老虎抓伤了。后来，孙权又把双戟（古代兵器）投向老虎，老虎停了下来。孙权又改用戈（古代兵器）攻击老虎，最终才把老虎抓获了。

每次打猎，孙权都喜欢乘马射虎，老虎经常突然蹿到他的面前攀持马鞍。大臣张昭知道这件事后，吓得脸色都变了，问孙权："你用什么抵挡老虎？为人君者，应该能驾御英雄，驱使群贤，岂能驰逐于原野，骁勇于猛兽？如一旦有所危险，恐天下耻笑？"

孙权谢过张昭的好意，说："年少虑事不远，以此惭君。"

但是，他仍然控制不住自己，于是就做了一辆射虎车，中间不设置盖头，一个人在前面驾驶着车，他在里面射老虎。当时有脱群之兽冒犯他的射虎车，孙权每次都用手击之，以此取乐。张昭虽然苦谏，但孙权却常笑而不答。

孙权劝学

《资治通鉴》

初，权谓吕蒙曰："卿今当涂掌事，不可不学！"蒙辞以军中多务。权曰："孤岂欲卿治经为博士邪？但当涉猎，见往事耳。卿言多务，孰若孤？孤常读书，自以为大有所益。"蒙乃始就学。

及鲁肃过寻阳，与蒙论议，大惊曰："卿今者才略，非复吴下阿蒙！"蒙曰："士别三日，即更刮目相待，大兄何见事之晚乎！"肃遂拜蒙母，结友而别。

北齐"清郎"袁聿修

袁聿修（511—582），字叔德，陈郡阳夏（今河南太康）人。北魏中书令袁翻之子，后过继给其叔父袁跃。袁聿修性深沉有鉴识，清净寡欲，与世无争，九岁时被州里辟署为主簿，深受尚书崔休赏识。天保初，任太子庶子，代理博陵太守。东魏孝静帝武定末，任太子中舍人，官至吏部尚书。为官时廉洁奉公，被称为"清郎""清卿"。开皇二年（582年）卒于熊州刺史任上。

袁聿修是北魏至隋朝五代时期的官员。

北齐天统年间，袁聿修由京官出任信州刺史。在任期内为政清平，境内大治。武平初年（570年），齐后主派朝中诸御史巡视各州县，考察地方官吏。信州比邻的梁、郑、兖、豫四州，都有一些地方官吏因不法行为被弹劾，但是竟没有一个御史去信州察访。袁聿修的政绩和人品受到的信任，竟达到如此程度。

袁聿修任满还京时，信州的百姓以及和尚、道士们，都争先恐后地来送行，以至人群挤满了道路。很多人端着酒肉献给袁聿修，两眼含泪，依依不舍，争着要远送。当时正是大暑天，袁聿修担心送行的老百姓们太劳累，一次次停马挥别，但是送行的人们总是舍不得离开。于是他端起身边一位送行者的酒杯，高举过头，一饮而尽，表示领受了乡亲父老们的心意，向乡亲们辞谢，叫他们回去。

袁聿修还京后，信州的百姓很怀念他。州民郑播宗等700多人联名请求新刺史准许他们为袁聿修立一块功德碑，并收集绢布几百尺，托中书侍郎李德林为功德碑撰写碑文。齐后主高纬见到地方的报告后，准予立碑。不久，提升袁聿修为都官尚书，领本州中正，转兼吏部尚书。

东魏和北齐两朝，在皇帝左右处理政务的尚书郎，大多数不免同地方官勾结索贿，而袁聿修在尚书任上整整十年，没有接受过一升酒的礼物。尚书邢邵与袁聿修是老同事，他常在尚书省中开玩笑，尊称袁聿修为"清郎"，即清白廉洁的尚书郎。后来邢邵出任兖州刺史。

有一次，袁聿修以太常少卿的职位出京巡察各地，考察地方官的得失。在经过兖州时，正好与老同事邢邵相遇。在办完公事告别后，邢邵派人给他送去一尺白粗绸，作为友好的信物。袁聿修立即差人将礼品退回，并给邢邵写了封信说："我今日从您这儿路过，不同于一般的过往。古人说得好：'君子防未然，不处嫌疑间，瓜田不纳履，李下不整冠。'众人的议论是可畏的，应该像防止洪水伤人一样防止它。但愿老朋友能明白我的心意，不至于怪罪我。"

邢邵看完信后，欣然领会，立即写了封回信说："那天给你赠送礼品，是没有经过思考的轻率之举，老夫在匆忙之间没有想到这点。现在尊重您来信中的意见将礼品收回，我绝不会因此事而埋怨您以至疏远我们的关系。老弟以前是个廉洁清白的尚书郎，今日又成了廉洁清白的少卿了。"

■故事感悟

当清廉成为一个人生命中的一部分时，这种美德也成了一种习惯，不仅约束自己，也影响着他人。袁聿修用其实际行动教化着他人，并使其形成了一种良好的风气。袁聿修这种精神值得后人学习借鉴。

■史海撷英

尚书郎

尚书郎是我国古代的一种官署名，始置于东汉时期。当时，东汉朝廷选拔孝廉中有才能的人进入尚书台，在皇帝的身旁帮忙处理政务。开始时，是从尚书台令史中选拔，后来又改从孝廉中选取。

尚书郎初入尚书台时称"守尚书郎中"，满一年时才称"尚书郎"，三年后则称"侍郎"。

魏晋以后，尚书省分曹，各曹又设有侍郎、郎中等官职，主要综理政务，通称为尚书郎。晋时，该职逐渐成为闲职，也称大臣之副。

卢怀慎厚禄济人自清贫

卢怀慎（？—716），滑州灵昌（今河南滑县西南）人。武则天时任监察御史，迁右御史中丞，黄门侍郎。为官清廉谨慎，家里的陈设用具简陋。唐玄宗开元元年（713年）为进同紫微黄门平章事，三年（715年）迁黄门监，与姚崇同为宰相。由于卢怀慎才能不及姚崇，遇事推诿，时人称其为"伴食宰相"。后兼任吏部尚书。以疾致仕，卒，遗言推荐宋璟、李杰、李朝隐、卢从愿。唐玄宗哀悼感叹，赠荆州大都督，谥文成。

在封建社会，高官厚禄通常联系在一起。因此，做官的锦衣玉食，好像也是天经地义、理所当然的事。然而，唐玄宗时期却有一个叫卢怀慎的人，虽身居高官，却以清廉自律，贫匮自守，给后人树立了榜样。

卢怀慎是黄门侍郎，在朝廷中的地位十分显赫。但是，他从不利用手中的权力为自己谋取私利。这年，他在东部洛阳主管选举，虽离家数百里，却不像有些官员那样带着前呼后拥的仆从和华贵的衣物用具，只随身带了一条布口袋，盛放自己简单的衣物、用品。他在任上，一贯清贫节俭，从不造房置产，家中使用的器皿也都十分粗陋。然而，贫困亲友如有困难，他都给予帮助，从不吝啬。由于将有限的俸禄周济了别人，因此，妻子儿女都常常处于饥寒之中。

卢怀慎晚年做了朝廷的黄门监兼任吏部尚书，掌管官员的升迁、调动。身居此职在某些人眼中为肥缺的高官，卢怀慎仍旧一如既往，以清廉贫匮自守。这年，他一病不起，连点补养品也买不起。然而，他仍然无怨无悔地坚守做官做人的根本。

宋璟、卢从愿到卢怀慎家中探病的时候，见他躺在一领破席上，门上连一块遮风挡雨的门帘也没有，他俩感动得鼻子直发酸。久病的卢怀慎看到自己平素比较器重的宋璟、卢从愿来到床前，忙询问朝中的大事。当二人谈到他家的困难时，卢怀慎赶忙岔开话题，又谈起国事。他撑着虚弱的身体，拉着两人的手说："二位大人应当尽力辅佐皇上，皇上在位的时间已经很长了，近来渐渐有些懒惰，很容易被小人钻空子。二位当好自为之，不要负了朝廷重托。"

说完，卢怀慎又喊来家人，叫他们准备午饭招呼宋璟、卢从愿二人。家人倾其所有，准备了待客的饭菜，也仅仅是两碗蒸豆，一碟青菜而已。

卢怀慎去世之后，家中竟无钱安葬。几个奴仆知道主人家中十分清贫，为了安葬这位令人尊敬的主人，便去大街上自卖自身，用换来的钱安葬了这位清贫的朝廷高官。

卢怀慎的清廉，赢得了包括皇上在内的众人的尊敬。他去世两年之后，唐明皇外出打猎走到卢家门口，见卢家老小似乎在准备什么事情，一问方知道卢家正在筹备卢怀慎去世两周年的祭奠，唐明皇心中十分缅怀这位清廉的老臣，立即中止游猎活动，以示对卢怀慎的深情缅怀。

卢怀慎身居高位却率先垂范，清廉自律，贫匮自守，以至于逝世后无钱安葬。卢怀慎一生为官，以其实际行动诠释了为官者清廉的传统美德，对后世有着深刻的教育意义。

■文苑拾萃

奉和九日幸临渭亭登高应制得还字

（唐）卢怀慎

时和素秋节，宸豫紫机关。
鹤似闻琴至，人疑宴镐还。
旷望临平野，潺湲俯暝湾。
无因酬大德，空此愧崇班。

司马光清白家风代代传

司马光（1019—1086），字君实，号迂叟。陕州夏县（现在属山西省夏县）涑水乡人，出生于河南省光山县，世称涑水先生。北宋著名的政治家、文学家、史学家，历仕仁宗、英宗、神宗、哲宗四朝。他主持编纂了中国历史上第一部编年体通史《资治通鉴》。

司马光6岁时开始读书，学习非常刻苦。稍大一些时，晚上睡觉竟以圆木为枕，称为"警枕"，只要木枕一滚动，他就能从熟睡中醒来，接着起床苦读。由于他天资聪颖，又刻苦好学，还能举一反三，所以少年时代便名扬乡里。流传至今的"司马光砸缸"的故事，也说明了他当时的有关情况。

司马光15岁时，由于父亲司马池任兵部侍中，官居四品，按照宋朝的恩荫制度，六品以上的大臣子弟可以补官，所以司马光也恩补入仕，被授予将作监主簿。但是，他刻苦读书的习性有增无减。仁宗宝元元年（1038年），司马光终于考中了进士甲科。此后，他被朝廷先后任命为礼部判官、华州判官、苏州判官，随后又任评事、直讲、大理寺丞等职。治平四年（1067年），升任翰林学士、御史中丞，从此官职不断升迁，一直升至相位。

随着职位的升迁和权力的增大，司马光的同学、同僚、亲戚、属下中也有不少人想通过他捞些个人好处。但是，却被他一一拒绝。为避免此类人"拉关系""走后门"，他干脆在自己的客厅内贴了一张告示，其中写道：凡来者若发现我本人有什么过失，想给予批评和规劝，请用信件交给我的书僮转我，我一定仔细阅读，认真反思，坚决改正；若为升官、发财、谋肥缺，或打算减轻罪名、处罚，请一律将状子交到衙门，我可以和朝廷及中书省众官员公议后告知；若属一般来访，请在晤谈中休提以上事宜。

司马光不仅从不收受任何人送给他的礼物、礼金，就连皇上的赏赐也不肯接受。有一次，宋仁宗赐予司马光很多金银珠宝、丝绸绢帛，他力辞再三，并诚恳地说："国家近来多事之秋，民穷国困，中外窘迫，应将这些钱用到济民上。"实在推辞不掉时，他才谢恩领取，但第二天便又将这些珠宝全部上交到自己所在的谏院，作为"公使钱"（即办公费），还用那些金银周济了一些穷困的亲友。

司马光年纪较大行动不便时，他的一位好友准备为他买一位婢女伺候他。司马光当即谢绝，说："我几十年来，食不敢常有肉，穿不敢有纯帛，怎敢拿50万钱买一婢女？"

司马光住在洛阳时，住宅位于一个僻陋的小巷里，房子其实不过是一座仅能遮蔽风雨的茅草屋。夏天，他为了找个纳凉避暑的地方，就在草屋里挖地丈余，用砖砌成一间地下室。当时，由于王安石的同僚王宣徽、王拱辰等人在洛阳的宅第都是飞檐斗兽，华丽无比，因此百姓中间便流传着这样一句谚语："王家钻天，司马入地。"

据《宋史》载，司马光为官四十余年，只在洛阳有薄田三顷。夫人去世时，无以为葬，他只好卖田以充置棺椁。这就是后人一直传颂的司马光"典地葬妻"的故事。

司马光在严格要求自己的同时，对家人的要求也甚为严格。他的儿子司马康在很小的时候，司马迁除了教他读书、写字外，还十分注重对儿子进行品德教育，培养儿子成为诚实、谦逊、节俭、爱他人的人。待儿子长大做官后，司马光又教他怎样勤政廉政，为百姓谋福利。当他发现儿子在为人、为政、为学方面表现尚佳时，便将对儿子教育的重点放在了节俭方面。

有一次，司马光特意给儿子的一封信里，先从现身说法，谈了自己的经历和观点。他说："我们家本来就是清寒的，清白的家风代代相传。至于我本人，从来不喜欢豪华奢侈。小时候，大人给一件华美的服装，就不愿意穿；考中进士后，别人戴花，自己也不愿意戴，只是出于对皇上的尊崇，才不得不勉强插戴一支。我认为，平时穿的能够御寒、吃的能够饱腹也就行了。但是，许多人却嘲笑我寒酸。对此，我从未后悔过。古代的人都把俭约视为美德，现在的人竟视俭约为羞耻，真是咄咄怪事！"

为了使儿子充分认识奢侈所带来的祸害，司马光对古往今来因奢侈而导致的严重后果进行了总结。他说：贪得无厌的人，当了官必然收受贿赂，贪赃枉法；不做官，在乡里则会偷盗行窃，作奸犯科。

接着，司马光又讲了几位以俭朴著称的人物的事，并重点介绍了宋仁宗时期的宰相张知白。

张知白在拜相后，生活水平仍与过去在地方做小官时一样。有人对此很不理解，就问他为什么要这样？张知白叹道："我今天的收入，全家人锦衣玉食足够。然而，由俭入奢易，由奢入俭难。我今天的收入，不可能永久保持。一旦收入不如今天了，家人奢侈的生活习惯了，一下子改不过来，就可能出事。倒不如无论我在职不在职，生前或死后，总这么一个标准！”

在信中，司马光还列举了七件“以俭立名，以侈自败”的例子，并希望儿子司马康不仅要自己记住这些事例和道理，还要身体力行，并要向子孙后代进行同样的教育。

司马光在担任宰相后，十分担忧老家的侄子们仗势作恶，因此又专门给他们写了一封信，要求他们平时要安分守己，对人要谦恭退让，做事要奉公守法，绝不能依仗自己的权势而干扰官府，欺压百姓。谁如果打着他的旗号招摇撞骗、为非作歹，他一定会命地方官依法进行查办严处！

司马光的子侄们也牢记他的教诲，平时为人处事都谦虚谨慎，并经常依照司马光的要求自警、自查、自省，以确保“清白的家风代代相传”。

1086年初，司马光重病卧床，自知将不久于人世，便挣扎着坐起来，给另一位宰相吕公著写了一封信，说：“吾以身付医，以家事付愚子，惟国事未有所托，今以属公。”

司马光去世后，朝廷上下一片悲痛，皇帝与太后都亲自前去吊唁，并赠其太师、温国公，谥文正，赐碑“忠清粹德”。整个京师的人也都主动罢市，纷纷到相府去哀悼。有的人为了致奠，竟然变卖了自己身上穿的衣裳。史书中还有这样的记载：“及葬，哭者如哭其私亲”，“四方来会葬者数万人”，“都中及四方皆画像以祀，饮食必祝”。由此可见场面之大、之动人，这在中国历史上也是十分罕见的。

■故事感悟

一国之相无一座像样的院落，“王家钻天，司马入地”，可以说，司马光的清廉是入了骨子里的，他已将其视为生命中的一部分，并以实际行动教育儿子。司马光逝世后，"及葬，哭者如哭其私亲"，其受尊敬的程度也由此得以彰显。

□文苑拾萃

夜 坐

（宋）司马光

春阳气示胜，重为阴所乘。
潏潏积雨阕，惨惨余寒增。
流云郁不开，烈风尚凭陵。
夜阑闭户牖，青晕生昏烟。
僮仆悉已眠，书几久欹凭。
涉猎阅旧闻，暂使心魂澄。
有如行役归，丘园恍重登。
又如远别离，邂逅逢友朋。
嗟嗟宦游子，何异鱼人罾。
夺其性所乐，强以所不能。
人生本不劳，苦初外物绳。
坐愁清日出，文墨来相仍。
吏徒分四集，仆仆如秋蝇。
烦中剧沸鼎，入骨真可憎。
安得插六翮，适意高习腾。

吴尚书卸任自归田

吴琳（？—1374），湖北黄冈人。明初朱元璋攻下武昌时，吴琳因詹同推荐，入召为国子监助教。之后改为浙江按察司金事，后升为兵部尚书。洪武六年，改为吏部尚书，与詹同同事。次年乞请归乡。

明太祖朱元璋下武昌时，大臣詹同向他荐举湖北黄冈人吴琳。吴琳是一个饱学之士，他对儒家经典很有研究。明太祖将他召入京中，任命他为最高学府国子监的助教。

吴琳的学问在詹同之上，他的才华很得朱元璋的赏识，先授予浙江按察司金事之职，后又召入宫中任皇帝的史官起居注，这期间曾命他带着钱财到各地去收购书籍。洪武六年，他由兵部尚书改任吏部尚书，曾与詹同轮流主持吏部的工作。过了一年，他辞职归家。

朱元璋对吴琳辞官还乡不放心，就派人前去察访。使者到了吴琳的家乡，偷偷地来到他家附近，看见有个农夫从小凳上起来，下田去插稻秧，容貌很是端庄严谨，举止不凡。使者便走上前去探问："这地方有个吴尚书，请问在家吗？"

那农夫听了后谦和地拱手回答说:"吴琳就是我。"

使者回京后,将看到的情形如实向朱元璋奏明。朱元璋听到吴琳身为吏部尚书,归家后竟然务农自给,赞叹不已。

■故事感悟

一朝吏部尚书,卸任后靠种田以自给,吴琳为官清廉的程度由此可见一斑。吴琳视清白为做官的本分,在任两袖清风,归家后安贫自给。他的这种洁身自好的品德是后人的榜样。

■史海撷英

按察司

按察司是我国清朝初年中央政府的机构之一,隶属于都察院。清军入关后,承袭明朝的制度,将其设为省级地方政府机关,职掌振扬风纪、澄清吏治、点录及复审各省囚犯、勘验供词与诉状等司法行政。同时,按察司也是中央监察机关——都察院在地方的分支机构,对地方官员行使监察权。

王翱权重不谋私

王翱（1384—1467），字九皋，直隶盐山县（今河北省沧州市盐山县）人。明朝著名政治人物，官至吏部尚书。

王翱是明代自成祖至宪宗的七朝老臣，从一名普通官吏到吏部尚书，为官几十载，始终公正处事，勤政用贤，廉洁奉公，人们都非常敬重他。因为其谥号忠肃，后人都尊称他为"忠肃公"。

作为权重位高的老臣，王翱从不居功自傲、以权谋私。他对自己的家属子女管束很严，有时到了让一般人觉得不近情理的地步。

王翱的爱女嫁给了在京郊做官的贾杰，夫人十分疼爱女儿，常常接女儿回娘家小住。因为女婿在郊外为官，女儿每次回娘家都不很方便，所以，每当接来送去，女婿都发牢骚说："父亲是吏部尚书，正管理着各级官吏，只要他老人家尊口一开，我就可以像摇树叶一样被摇到京都，何必这么麻烦地接来送去的呢？那样的话，你们母女也可以常相陪伴了。"

女儿把这个意思对母亲讲了，王翱夫人觉得这事也不算过分，对王翱这个掌管全国官吏的最高首长来说，也就是一句话的事。

有一天，趁着王翱高兴，王夫人备了点酒菜，眼看酒过三巡，便婉转地把女儿的请求说了。可是没想到，王翱一听勃然大怒，斥责说："亏你说得出口，我这不是借手中的权力徇私情吗？如果在外地任官的人都提出如此要求该怎么办？"

王翱越说越恼火，拿起酒杯就摔了过去，夫人的脸都被划破了。一场家宴就这样不欢而散，王翱也愤然离去，回到朝房，一连十几天都没回家。从此以后，女婿调转京城的事没人敢再提了。一直到王翱去世，也没把女婿调进京城。

明朝非常注重科举考试，官吏晋升都离不开考试成绩。王翱有个孙子，才学很一般，文墨也不太精通。本来他已经受到特别的优待，有了一定的职位，可是他嫌官卑位低，想通过科考求得晋升。可毕竟是实力不足，自己也知道凭真才实学难以过关。于是，他通过关系弄到一份试卷，准备参加当年的秋试。

王翱知道后，毫不留情地制止了他。王翱严肃地对孙子说："你如果真有考中的才学，我能忍心埋没你吗？你明摆着不具备应试的条件，假如主考官照顾了你，就会有一位真正具备应试条件的人落选。再说，你已经有了一定的职位，何必强所不能，存非分之想呢！莫不如继续刻苦攻读，成就学业后再去应试。"说完当即撕了考卷，并用火烧了。

王翱身居显位，又占据朝廷要职，但几十年如一日，从不以权谋私，即使在人际交往中也始终两袖清风。因为他政绩突出，家境清贫，皇帝每年都赏赐给他不少金玉束带、锦绣衣物，或是银币玩器，但他从不摆饰动用，长年自奉俭素，总是穿着普通的衣装。

王翱提督辽东军务时，与一位太监关系很好。后来，王翱将要调离，这位太监出自对他的敬重，拿出四颗西洋明珠相赠，以留作纪念。

王翱怎么也不肯收。最后，太监流着泪说：“这些明珠绝不是我收受贿赂所得，而是先皇将郑和所购得的西洋明珠赏赐给身边的侍臣，我得了八颗。今天送一半给你，作为纪念，请一定收下。”

看到太监如此真心诚意，王翱很感动，只好将明珠收下，缝在上衣夹层里保存着。

后来，王翱回京执掌吏部时，那位太监已经过世。王翱几经求访，找到了太监的两个穷侄子，对他们说：“你们的叔叔一贯奉公守法，在世时对你们要求很严，你们现在生活一定很困难吧？”

两位年轻人回答说：“确是如此。”

王翱又说：“如果有什么致富的打算，我可以帮助你们。”

没过几天，他们向王翱说了自己的打算，王翱马上把保存的四颗西洋明珠送还给太监的两个侄子了。

■故事感悟

从政清廉，持家勤俭，待人公正，这是王翱一生遵循的人生准则。正因为他能一丝不苟地遵循这一准则，死后才获得了“忠肃公”的美称。王翱精神的魅力激励着一代又一代人前进。